典 礼 聖 歌

一 般 用

新 装 版

新装版の発刊にあたって

『典礼聖歌』は 1980 年 2 月の合本の発行以来，第 52 版（2017 年 6 月）まで版を重ねてまいりましたが，このたび出版元をあかし書房からカトリック中央協議会に変え，新たに新装版として発行される運びとなりました。この機会に教皇庁典礼秘跡省をもってなされた典礼暦の改訂にあわせて一部を修正するとともに，『ミサ典礼書』や『毎日のミサ』などとの整合性をふまえた修正も行いました。また，2017 年に公表された「ニケア・コンスタンチノープル信条」と「使徒信条」の新しい旋律は，そのまま今回の新装版の付録に収録いたしました。なお，『ミサ典礼書』の改訂作業が終わり次第，『典礼聖歌』の新たな改訂も実施する予定です。

最後になりますが，これまで長年にわたり『典礼聖歌』発行のためにご尽力くださったあかし書房に心から感謝と御礼を申し上げます。

2018 年 12 月 25 日

日本カトリック典礼委員会委員長　梅 村 昌 弘

序　文

　典礼聖歌の唱和は祭儀を美しく感動的なものにするための飾りではなく，典礼行為そのものですから，「聖なるものがより明白に表現されるよう，またキリストを信じる民が典礼文と儀式をできる限り容易に理解して，行動的に，共同体として，十分に祭儀に参加できるよう」，他の部門と同様に聖歌も刷新する必要があります（『典礼憲章』21，112 参照）。

　ところで典礼文の国語化に伴って，聖歌も国語化されることになりましたし，また古来の教会の伝承にもとづいて歌詞として詩編が採用されることになったのは当然のことです。国語導入は形の上ではグレゴリオ聖歌から離れることを意味しましたが，国語採用と詩編重視は実はグレゴリオ聖歌の精神と伝統にもとづくことを見のがしてはならないでしょう。ラテン語を自国語とする人びとが，神の民の歌であるヘブライ語の詩編をラテン語になおして，ラテン語のリズムとそれにふさわしい旋律で歌おうと試みた勇気と熱意がグレゴリオ聖歌というすぐれた教会音楽を生み出したのです。なお西欧のラテン教会にはこのほかにパレストリーナに代表される多声合唱曲と民衆のうたう一般賛美歌がありますが，前者は芸術作品として素晴らしくても典

礼用には向きませんし，後者は日本に輸入されて聖歌の主流をなしてきましたが，歌詞も旋律も概して感傷的なものが多く，典礼の副物的な要素が強いようです。

　このようなわけで神のことばがよく味わえるよう，国語による詩編の歌詞に作曲することによって日本語を生かす宗教音楽を生み出していくことこそ典礼刷新の道といえましょう。日本の典礼委員会はこのような基本方針にもとづいて 10 年以上も前から少しずつ作られるようになった典礼聖歌を，答唱詩編を中心に選曲編集し，大体一年に一冊ずつ分冊形式で発行してきました。すでに九分冊にもなって，典礼のあらゆる部分に活用できる各種の歌が一応出揃いましたので，今回，一冊にまとめることになりましたが，この合本が世に出るようになったのも，分冊時代からいろいろな形で協力された多くの方々のご厚意によるもので，心から感謝申し上げます。なお本書の発行は仕事の完成ではなくて，大きな未来への第一歩であることを確認しておきたいと思います。

1979 年 12 月 24 日

典礼委員長　　長　江　　恵

本 書 の 構 成

　本書は分冊を発行順にまとめて一冊に合本したのではなく，使用者の便利のために歌を種類別にして，次のように編集しなおしました。

第1編　詩編／旧約の歌／福音の歌

　答唱詩編に用いる詩編の歌を中心に，入祭の歌，奉納の歌，拝領の歌など行動的参加を促す詩編の歌を集めました。答唱句の冒頭のことばの五十音順に配列されています。

　答唱句の曲は分冊のときよりも増えていませんが，同じ答唱句で別な詩編が歌えるようになったものがかなり多数あります。これによって，すべての主日・祝祭日と儀式に伴うミサに固有の答唱詩編が全部歌えるようになっています。

　そのために便利なように，巻末に答唱詩編索引が用意され，また入祭の歌など行動的参加に用いる詩編の索引もできています。

第2編　歌ミサの式次第

　ミサの対話句や応唱を単声で歌うようになったものと，多声で応答できるようになったものとの二種類のミサ式次第が掲載されています。

　司祭と会衆の間に交わされる対話句や応唱を歌うようにすることは，行動的参加を盛り上げるために効果的です。

第3編　ミサ曲

　すでに分冊に発表された七種のミサ曲と信仰宣言が集められています。

第4編　アレルヤ唱／詠唱

　伝統的なグレゴリオ聖歌の旋律を生かしたアレルヤ句と，当日の朗読箇所として指定された日本語の聖句を歌えるように作成されたものです。すべての主日・祝祭日から週日に至るまで固有のものが全部歌えるようになっています。

　なお第2シリーズとして，自由に選んで用いることのできる他のアレルヤ唱もいくつか集められています。

第5編　典礼賛歌

　典礼暦年に従って，それぞれの季節に固有の賛歌，特に聖週間の典礼に必要な典礼賛歌が集められています。

第6編　教会の祈り（聖務日課）

　教会の祈りを歌唱するための旋律で，その中心をなす詩編唱和は，教会の伝統的な詩編の祈り方です。教会の賛美の賛歌（テ・デウム）をはじめ，教会の象徴としてのマリアをたたえる聖母賛歌もこの編に入っています。

第7編　一般賛歌

　聖書のことばに基づいて作曲された聖書の歌をはじめ，信仰を表明する種々の歌が集められています。

付録

　やまとのささげうた　この曲は，今回の典礼刷新の直前に日本司教協議会によって証認された典礼文に作曲が委嘱されてできたものです。日本の伝統旋律の特徴を生かした記念碑的作品で，ミサ曲として使うことができます。

　ニケア・コンスタンチノープル信条／使徒信条　2004年に認可された新しい口語文のための旋律です。信条は，とくに主日および祭日のミサで歌うことが勧められています。

　索引　各種の索引はこの合本の特徴で，これによって利用価値が倍増しました。

目　次

新装版の発刊にあたって
序　文
本書の構成

第1編　詩編の歌／旧約の歌／福音の歌
　　　　詩編の歌　　　　　　　　　　　2〜184
　　　　旧約の歌　　49, 79, 104, 155, 164, 165
　　　　福音の歌　　1, 16, 83〜86, 178〜182
第2編　歌ミサの式次第
　　　　単声　　　　　　　　　　　　　　201
　　　　多声　　　　　　　　　　　　　　202
第3編　ミサ曲
　　　　ミサ曲 1　　　　　　　　　　　　203
　　　　　　　2　　　　　　　　　　　　207
　　　　　　　3　　　　　　　　　　　　211
　　　　　　　4　　　　　　　　　　　　215
　　　　　　　5　　　　　　　　　　　　218
　　　　　　　6　　　　　　　　　　　　222
　　　　　　　7　　　　　　　　　　　　226
第4編　アレルヤ唱／詠唱
　　　　アレルヤ唱　　　　　　　　　　　255
　　　　詠唱　　　　　　　　　　　　　　260
　　　　第2シリーズ（ad libitum）　　　278

第5編　典礼賛歌
　　　　待降節　　　　　　　　　　　　　301
　　　　降誕節　　　　　　　　　　　　　305
　　　　四旬節　　　　　　　　　　　　　311
　　　　聖週間　　　　　　　　　　　　　315
　　　　復活節　　　　　　　　　　　　　345
第6編　教会の祈り（聖務日課）
　　　　歌唱式次第　　　　　　　　　　　361
　　　　賛美の賛歌　　　　　　　　　　　367
　　　　聖母賛歌　　　　　　　　　　　　371
第7編　一般賛歌　　　　　　　　　　　　381
付　録　やまとのささげうた　　　　　　451
　　　　ニケア・コンスタンチノープル信条（1）（2）
　　　　使徒信条（1）（2）（3）
　　　　索　引

本書の使い方
凡　例

第1編

詩編の歌／旧約の歌／福音の歌

詩編の歌　2〜184
旧約の歌　49, 79, 104, 155, 164, 165
福音の歌　1, 16, 83〜86, 178〜182

1 朝早く週の初めに

答唱 あさはやく しゅうのはじめに ひのすでにのぼるころ 主の はかに ついた アレルヤ

ルカ1・68〜79＋栄　復活祭の朝　主日の朝　復活節　入祭の歌　閉祭の歌

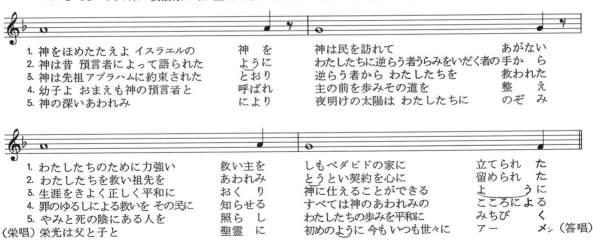

1. 神をほめたたえよ イスラエルの　　　　神を　　　神は民を訪れて　　　　　　あがない
2. 神は昔 預言者によって語られた　　　　ように　　わたしたちに逆らう者うらみをいだく者の手から
3. 神は先祖 アブラハムに約束された　　　とおり　　逆らう者から わたしたちを　救われた
4. 幼子よ おまえも神の預言者と　　　　　呼ばれ　　主の前を歩みその道を　　　整　え
5. 神の深いあわれみ　　　　　　　　　　により　　夜明けの太陽は わたしたちに のぞみ

1. わたしたちのために力強い　　　救い主を　　しもベダビドの家に　　　　　　立てられ　た
2. わたしたちを救い祖先を　　　　あわれみ　　とうとい契約を心に　　　　　　留められ　た
3. 生涯をきよく正しく平和に　　　おく　り　　神に仕えることができる　　　　よ　う　に
4. 罪のゆるしによる救いを その民に 知らせる　　すべては神のあわれみの　　　こころによる
5. やみと死の陰にある人を　　　　照ら し　　わたしたちの歩みを平和に　　　みちび　く
(栄唱) 栄光は父と子と　　　　　　聖霊　に　　初めのように 今も いつも 世々に ア ー メン (答唱)

2   あかつきと ともに めざめ

詩編 27・1 6 7+8b 13+14   答 4 c d   信頼 希望 朝の祈り 四旬節 入祭の歌 四旬２Ｃ 年間３Ａ

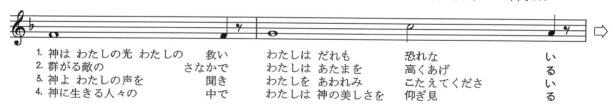

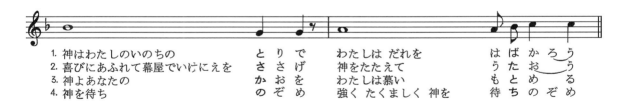

1. 神はわたしのいのちの　　とりで　　わたしは だれを　　はばかろう
2. 喜びにあふれて幕屋でいけにえを　ささげ　　神をたたえて　　うたおう
3. 神よあなたの　　　　　　かおを　　わたしは慕い　　　　もとめる
4. 神を待ち　　　　　　　　のぞめ　　強く たくましく 神を　待ちのぞめ

11

3 新しい歌を主に うたえ

詩編 96・1+2 3a+4a 5a+6b 7+8a 9a+10a 11 12 答1 新しい歌 創造の賛美 神の民の喜び
降誕節 入祭の歌 野営・キャンプ

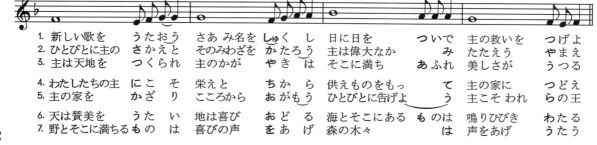

4 あたらしい こひつじ

詩編 85・9 10 11 12+13 14　神の支配　過越の成就　復活節　入祭の歌

1. 神の語られることばを　　　　　　　　聞こう　　神は その民に平和を　　　　　　約束される
2. 救いは神を おそれる人に　　　　　　　近く　　　栄光は わたしたちの地に　　　　　住む
3. いつくしみとまことは　　　　　　　　めぐり合い　正義と平和は　　　　　　　　　　いだき合う
4. まことは地から芽ばえ 正義は天から　　見守る　　神は恵みを注がれ 地は豊かに　　実る
5. 正義は神の前を　　　　　　　　　　　進み　　　平和は その足跡に　　　　　　　　従う

5 あなたの いきを

詩編 104・1〜9 10〜12 13〜15 16〜18 19 20〜23 24 25+27 28+29 30 31+33 創造 大自然

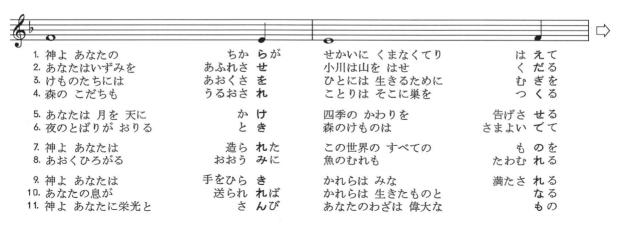

神のいぶき 神のいのち 宇宙の賛美 野営・キャンプ

1. 天には光が　　　　　　　満ちあふ**れ**　　地には水が流れ　　　　うる**お**す
2. 野山のけものは　　　　　　よみが**えり**　　鳥も ほとりに巣を　　　つ**くる**
3. ぶどう酒と油と　　　　　　　**パン**を　　　あなたは たもう ひびの　か**て**を
4. 小高い岩間は　　　　　　　かもしか**の**　　しずかにひそむ その　　す**みか**

5. 夜明けと宵の　　　　　　　けじめに **は**　空にかがやく　　　　　たい**よ**うを
6. あさひと ともに巣に　　　　　　か **えり**　じぶんのねぐらに　　　よこた**わる**

7. あなたのちえは　　　　　　　すぐ**れ**　　地は あなたのわざで　　満 **ちる**
8. ひびのたべものを 受ける　　　ため**に**　　みな あなたを　　　　待って **いる**

9. あなたが顔を　　　　　　　　かく**せば**　かれらはもとの　　　　ちりと **なる**
10. 神よ あなたは愛の　　　　　　い**きで**　すべてを造り　　　　　生かさ **れる**
11. 生きるかぎり わたしは　　　　歌 **う**　　あなたは わたしの神　世界の **神**

15

6〜7 あなたの いぶきを うけて

答唱 あなたのいぶきをうけて わたしはあたらしくなる

6 詩編51（前半）・3+4 5+6cd 7+8 9 10+11 回心 ゆるし 四旬節 四旬1A 洗礼志願式

7 詩編51（後半）・12+13 14+15 18+19 20+21 回心 洗礼 聖霊 四旬5B 年間24C 復活徹夜

6 (前) 1. 神よ いつくしみ深く わたしを **顧** み　豊かな あわれみによって　わたしのとがを **ゆるしてくだ さい**
2. わたしは自分のあやまちを **認** め　罪は わたしの目の前に **あ る**
3. わたしは生まれた日から悪に **沈** み　母の胎に宿った時から罪に **汚れてい た**
4. ヒソプで水を **ふり注 ぎ**　わたしの罪を **取り去っ て**
5. わたしに喜びと楽しみの声を **返 し**　うち砕かれたわたしを また喜びで満たしてくだ さい

7 (後) 1. 神よ わたしのうちに **清い心を造り**　あなたの いぶきでわたしを強め **あらたにしてくださ い**
2. 救いの喜びをわたしに **返 し**　あなたの いぶきを送って　喜び仕える心を **ささえてくだ さい**
3. あなたは いけにえを **望まれ ず**　はんさいを ささげても **喜ばれな い**
4. み旨のままに シオンを恵みで **潤 し**　エルサレムの城壁を **新たにしてください**

答唱 あなたのいぶきをうけて わたしはあたらしくなる

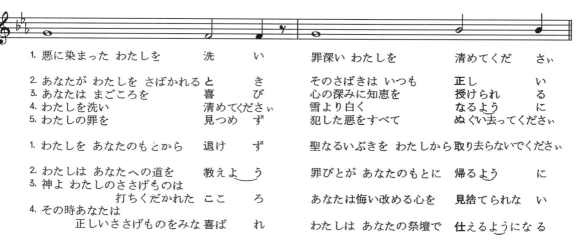

1. 悪に染まった わたしを　　　洗　　い　　　　罪深い わたしを　　　清めてくだ　さい
2. あなたが わたしを さばかれると　　　き　　　そのさばきは いつも　　正し　　　い
3. あなたは まごころを　　　喜　　　び　　　　　心の深みに知恵を　　　授けられ　　る
4. わたしを 洗い　　　　清めてください　　　　雪より白く　　　　　　なるよう　　に
5. わたしの罪を　　　　見つめ　ず　　　　　　　犯した悪をすべて　　　ぬぐい去ってください

1. わたしを あなたのもとから　退け　ず　　　　聖なるいぶきを わたしから 取り去らないでください

2. わたしは あなたへの道を　　教えよ　う　　　罪びとが あなたのもとに　帰るよう　　に
3. 神よ わたしのささげものは
　　　　　　　　打ちくだかれた こころ　　　　あなたは悔い改める心を　見捨てられな　い
4. その時あなたは
　　　　　正しいささげものをみな 喜ば　れ　　わたしは あなたの祭壇で 仕えるようになる

17

8 荒れ地のかわき果てた土のように

290
398
C L
T S

詩編54・3+4　8+6+9a　救いを求めて　いのちの支え　信頼と賛美　年間25B

1. 神よ わたしの祈りを　　　　聞き　　わたしのことばに耳を傾けて　くだ さぃ
2. 神は わたしの助け わたしのいのちの 支え　あなたは すべての苦しみから
　　　　　　　　　　　　　　　　　　　　　　　　　　　　わたしを　救われる

9~11　荒れ地のかわき果てた土のように

290
398

　9　詩編 **62**・2＋3　　8＋9　　10＋13a　　信頼　期待　平和　年間8Ａ
　10　詩編 **63**・2　3＋4　5＋6　7＋8　9＋12a　　神を慕う　信頼　救いの期待　感謝　年間12Ｃ　22Ａ　32Ａ
　11　詩編 **116**・1＋2＋3＋4　　5＋6a＋7b　　8ab＋9　　信頼　感謝　救い　平和　年間24Ｂ

9
　1. わたしは静かに　神を　　　　　**待**　　つ　　わたしの救いは　神から　　　**く**　　る

　2. 神は　わたしの力　わたしの　　　のがれ　　場　　救いと栄えは　神に　　　　　**あ**　　る
　3. 人はみな　通りすぎる　　　　　　**か**　　ぜ　　たよりには　　　　　　　　ならな　　い

10
　1. 神よわたしの神よわたしはあなたをした　　う　　水のない荒れ果てた土地の　**よう**　に
　2. あなたの力と栄えに　　　　　あこがれ　て　　聖所であなたを　　　　あ**おぎみ**　る
　3. いのちのある限り　あなたに　　感謝　し　　手を高く上げてあなたの名を呼**び**もとめる
　4. 床の中であなたを　　　　　**お**もいおこし　り　　夜どおし　あなたのことを　**おも**　う
　5. わたしの心はあなたに　　　　た**よ**　り　　あなたの右の手はわたしを　**ささえ**　る

11
　1. わたしは　神を愛する　神は　　　　　　日々祈り求めるわたしに
　　　　　　　　　わたしの声を　聞　　**き**↗　　　　　心を留めて　くださ　　る↗
　2. 神は恵みといつくしみに　　　**満**　ち　い　　わたしたちの神は　あわれみ　**ふか**　い
　3. 神は　わたしを死から　　　すく　い　　足がつまずかないように　ささえられた

20

1. 神は わたしのよりどころ
   　　　わたしのとりで わたしの　**救　い**　　　　わたしは けっして　　　　　　ゆるがない
2. いつも心を開き すべてを　**ゆだねよう**　　　　神は わたしたちの　　　　　　のがれ場
3. その重さは息より　　　　　**軽　　い**　　　　力は神のもの いつくしみもまた 主のもの

1. わたしの心は あなたを　　　**慕　　い**　　　　からだは あなたをかわき　　　求める
2. あなたの恵みは いのちに　　**まさ　り**　　　　わたしの口は あなたを　　　　たたえる
3. もてなしを受けた時の　　　　**よう　に**　　　　わたしの心は豊かに　　　　　　満たされる
4. あなたは わたしの　　　　　　**助　け**　　　　あなたの翼のかげに わたしは　隠れる
5. 神のうちにあって　　　　　　**喜　　び**　　　　神に誓いを立てる者は　　　　　栄える

1. 死とその苦しみが迫り
   　　　苦悩の中に　**あったとき↗**　　　　わたしは神の名を求めて叫んだ
   　　　　　　　　　　　　　　　　　　　　「神よ わたしを助けて　くだ　さぃ」
2. 神は 素朴な人の　　　　　　**支　　え**　　　　神は恵みを注いで　　　　くださった
3. わたしは神の前を　　　　　　**歩　　む**　　　　神に生きる人々の　　　　中　で

21

12　詩編 **118**・1+2　16+17　22+23　神の救いのわざ　主の死と復活　復活節　復活徹夜アレルヤ唱　復活4B
13　詩編 **149**・1+2　3+4　5+6　7+8+9　神の民の勝利　あかしの共同体　復活節　入祭の歌　閉祭の歌
14　詩編 **150**・1+2　3+4　5a+6a+栄　神への賛美　宇宙の大栄唱　復活節　閉祭の歌

C L T S

14
1. 聖所にいます　　　かみをたたえよ　　大空にいます力ある　かみをたたえよ
2. 角笛をふいて　　　かみをたたえよ　　琴とたて琴をかなでて　かみをたたえよ
3. 鳴り響くシンバルで　かみをたたえよ　　息あるすべてのものは主　をたたえよ

1. そのわざは不思議　かみをたたえよ　　その栄光は偉大　　かみをたたえよ
2. 鼓と舞をあわせて　かみをたたえよ　　弦をかなで笛をふいて　かみをたたえよ

(栄唱)栄光は　　ちちとことせいれいに　初めのように　今も　いつも　　世々に　アーメン

15 アレルヤ (2)

CL
MS

答唱 アレルヤ ― アレルヤ

詩編 150・1　2　3+4　5+6　賛美の合奏　宇宙の栄唱　朝の賛美　復活節　閉祭の歌

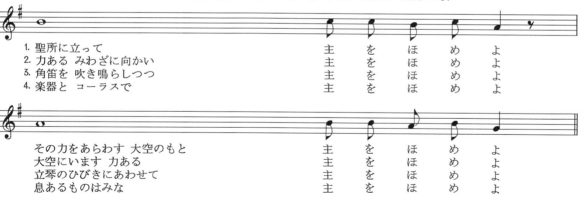

1. 聖所に立って　　　　　　　　主を ほ め よ
2. 力ある みわざに向かい　　　　主を ほ め よよ
3. 角笛を 吹き鳴らしつつ　　　　主を ほ め よよ
4. 楽器と コーラスで　　　　　　主を ほ め よ

その力をあらわす 大空のもと　　主を ほ め よ
大空にいます 力ある　　　　　　主を ほ め よよ
立琴のひびきにあわせて　　　　　主を ほ め よよ
息あるものはみな　　　　　　　　主を ほ め よ

16 あなたは女のなかで

ルカ 1・46～55＋栄 神のお告げ 聖母訪問 聖母の祝日 待降 3 B 晩の祈り

1. わたしは 神を
2. 神は 卑しい はしためを
3. 神は わたしに偉大なわざを
4. 神は その力を
5. 権力をふるう者を その座から
6. 飢えに苦しむ人は よいもので
7. 神は いつくしみを忘れることなく しもべイスラエルを

（栄唱）栄光は父と子と

1. わたしの心は 神の救いに
2. いつの代の人も わたしを しあわせな
3. その名はとうとく あわれみは 代々神をおそれ敬う
4. 思いあがる者を
5. 見捨てられた人を
6. おごり暮らす者は むなしくなって
7. わたしたちの祖先 アブラハムとその子孫に約束

（栄唱）初めのように 今も いつも

17～8 いのちある すべてのものに

CL 44改
TS 362

♩=60 くらい

答唱 いのちある すべてのものに 主は しょくもつを めぐまれる

17 詩編 65・10　11+12　13+14　豊作　祝福　喜び　年間15 A
18 詩編 145・1+3　4+5　6+7　8+9　10+11
　　　　　　　　　13ab+14　15+16　17+18　19+20　21　感謝　食前・食後　復活節　拝領の歌　復活5C

17
1. あなたは地を訪れて　　　　　　喜ばせ　　　　豊かな実りで　　　　　　　おおわれる
2. 田畑に水を送り 土くれを　　　ならし　　　　夕立で地を潤して 作物を　祝福される
3. 荒れ野の牧場も若草に　　　　　もえ　　　　　丘一面に喜びが　　　　　　こだまする

18
1. 神よ わたしは あなたを　　　　　　　　　あがめ　　　　世々に あなたの力を　　　　　たたえる
2. 今の世は次の世にあなたのわざを　　　語り告げ　　　その偉大な力を　　　　　　　　ほめ歌う
3. 人は あなたの力を　　　　　　　　　　　　語り　　　　　その偉大さを　　　　　　　　　　のべ伝える
4. あなたは恵みと あわれみに　　　　　　満ち　　　　　　怒るにおそく いつくしみ　　　深い
5. 神よ 造られたすべてのものは
　　　　　　　　　　　　　　あなたを　　たたえ　　　　　あなたに従う人は 感謝して　　歌う
6. あなたの国は 永遠の　　　　　　　　　　くに　　　　　あなたの支配は世々に　　　　　及ぶ
7. 神を待ち望む すべての　　　　　　　　ものに　　　　いのちのかてを豊かに　　　　　恵まれる
8. 神の行われることは すべて　　　　　　正しく　　　　そのわざは いつくしみに　　　　満ちている
9. 神をおそれる人の願いを　　　　　　　　聞き入れ　　その叫びを聞いて　　　　　　　助けられる
10. わたしは　　　　　　　　　　　　　　　　神の　　　　　誉れを　　　　　　　　　　　　　　語り

答唱 いのちある すべてのものに 主は しょくもつを めぐまれる

年間14A　17B　18A　20B　25A　31C　バルトロマイ　ルカ

1. 大空に水を　　　　　　蓄え　　地に水を注いで 麦を　　　　あたえられ　　　る
2. あなたの恵みは 豊作を　もたらし　あなたの訪れる所に豊かさが　あふれ　　　　る
3. 野山は羊の群れに満ち
　　　谷は小麦に　おおわれ　　人々は喜びに あふれて　　　う た　　　　　　う
1. すべてを越える　　　　か み　　その偉大さは　　　　　　は かりしれな　　い
2. あなたの栄光の輝きを　告 げ　　その不思議なわざを　　　お もいめぐら　　す
3. あなたの豊かな恵みを　思 い　　喜んで その正義を　　　う た　　　　　　う
4. その恵みは すべてのものに 及 び　いつくしみは造られたすべてのものの う えにあ　る

5. かれらは あなたの国の栄光を語 り　力ある あなたのわざを　　告 げ　　　　る
6. 神は 悩みのうちにある者をささ え　倒れるものを すべて　　　立 たせてくださ　る
7. 生きているすべてのものの 願い と　神は豊かに　　　　　　　満 たされ　　　　る
8. 助けを求めるすべての　　人 と　心から祈る人のそばに 神は　お られ　　　　　る
9. 神を愛する人は すべて神に守ら れ　神に逆らう者は　　　　　し りぞけられ　　る
10. すべての民は 世々　　限りなく　とうといその名を　　　　　ほ めたたえ　　　る

27

19〜20 いのちある すべての ものは

303
302改

C L
T S

答唱 いのちある すべてのもの— はかみ—を た たえよ　たえよ

19a は498ページ

19 詩編 146・1+2+10a　5+6ab　6c+7　8ac+9bc　　信頼 賛美 福音 キリストの道 待降3A　年間4A
20 詩編 148・1+2　3+4　5+6　7+8　9+10　11+12　13+14　　創造の賛美 神の名 神のわざ 宇宙の賛美

19
1. 心を尽くして神を　　　　　　た**たえ**　よ　　　いのちのある限り 神を　　　　た**たえ**　よ
2. ヤコブの神を　　　　　　　　た**すけ**とし　　　神に希望をかける人は　　　　し**あわ**せ
3. 神は とこしえに まことを　　し**め**　しき　　　貧しい人のために さばきを　　お**こな**い
4. 神は見えない人の目を　　　　ひ**ら**　き　　　　従う人を　　　　　　　　　　あ**いさ**れる

20
1. 天は神を　　　　　　　　　　た**たえ**　よ　　　天にあるすべてのものは神を　た**たえ**　よ
2. 太陽と月は神を　　　　　　　た**たえ**　よ　　　きらめく星座は神を　　　　　た**たえ**　よ
3. 神のことばで造られた
　　　天にあるすべての　　　　**もの**　は　　　　神の名を　　　　　　　　　　た**たえ**　よ
4. 地にあるものは神を　　　　　た**たえ**　よ　　　海と そこにすむものは神を　た**たえ**　よ
5. 山と丘は神を　　　　　　　　た**たえ**　よ　　　実を結ぶ木 すべての糸杉は神をた**たえ**　よ
6. 地を治める王
　　　すべての民は神を　　　　た**たえ**　よ　　　すべての支配者は神を　　　　た**たえ**　よう
7. すべての者は神の名を　　　　た**たえ**　よ　　　神は偉大 その栄光は天地を　　お**お**　う

23 B　　26 C　　32 B
閉祭の歌　復活節　拝領の歌

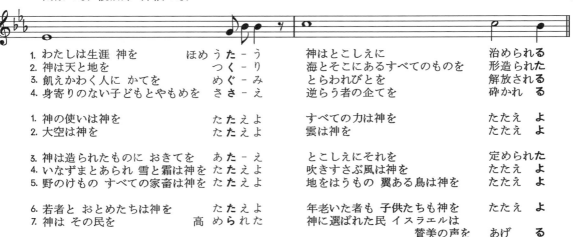

21～2　うるわしい 神の家

CL
TM

答唱　うるわしい かみのいえ エルサレム　かべも とうも かがやいて たつ

21 詩編 122・1+2　3+4ab　4cd+5　6a+8a+9b+7　神の民　神の都　教会　巡礼

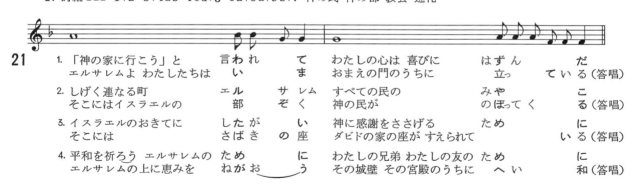

21
1.「神の家に行こう」と　　　　言われて　　　わたしの心は 喜びに　　　はずん　　だ
　エルサレムよ わたしたちは　い　　　　ま　　おまえの門のうちに　　　立っ　　ている（答唱）

2. しげく連なる町　　　　　　エル　サレム　　すべての民の　　　　　みや　　こ
　そこにはイスラエルの　　　　部　　ぞく　　神の民が　　　　　　　のぼって く る（答唱）

3. イスラエルのおきてに　　　　したが　　い　　神に感謝をささげる　　　ため　　に
　そこには　　　　　　　　　　さばき の 座　　ダビデの家の座が すえられて　　　いる（答唱）

4. 平和を祈ろう エルサレムの　ため　　　に　　わたしの兄弟 わたしの友の ため　　に
　エルサレムの上に恵みを　　　ねがお　　う　　その城壁 その宮殿のうちに　へい　　和（答唱）

22 詩編 147・12＋13　14＋15　16＋17　18＋19　20＋12　　恵まれた神の民　教会　献堂　入祭の歌

22

1. エルサレムよ 主を　　　　ほめたたえよ　　　シオンよ 神を　　　　ほめ　たたえよ
   主はあなたの門のかんぬきを　かた　　　　め　　　あなたの子らを　　　しゅく　され　る（答唱）

2. 主は国ざかいを　　　　　　やすらかに しれ　　　良い麦をもって　　　　満た　　され　る
   主はみことばを地に　　　　つかわさ　　れ　　　そのみことばは すばやく　は し　　　　る（答唱）

3. 主は綿のように雪を　　　　降ら　　　せ　　　灰のように霜を　　　　まかれ　　　　る
   主は地にあられを　　　　　降ら　　　せ　　　海を氷で　　　　　　　とざ　され　　る（答唱）

4. 主はみことばを遣わしてこれを　溶か　　　し　　　そのいぶきによって水が　ながれ　　　　る
   主はみことばをヤコブに　　　知ら　　　せ　　　定めと おきてをイスラエルに　告げ　られ　る（答唱）

5. 主は他の国たみにまだ　　　しめされ　ず　　　そのおきては人に知られて　いな　　　　い
   エルサレムよ 主を　　　　ほめたたえよ　　　シオンよ 神を　　　　ほめ　たたえよ（答唱）

23～4 栄光は世界に および

115改
378
CLTS

答唱 えい-こうは　せかいにおよ　びすべてをこえ　てかみはいだい

23　詩編 29・1+2　3+4　9c+10+11　　神の栄光　宇宙の賛美　入祭の歌　復活節　主の洗礼
24　詩編 57・2　3+4　5　8+9　10+11　　答6　神の栄光　保護　賛美　入祭の歌　閉祭の歌

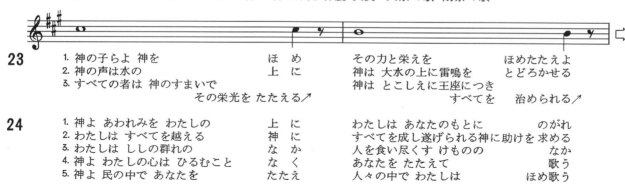

23
1. 神の子らよ 神を　　　　　　　ほ　め　　その力と栄えを　　　　　　ほめたたえよ
2. 神の声は水の　　　　　　　　上　に　　神は 大水の上に雷鳴を　　　とどろかせる
3. すべての者は 神のすまいで　　　　　　神は とこしえに王座につき
　　　　その栄光を たたえる↗　　　　　　　　　すべてを　治められる↗

24
1. 神よ あわれみを わたしの　　　上　に　　わたしは あなたのもとに　　　　のがれ
2. わたしは すべてを越える　　　　神　に　　すべてを成し遂げられる神に助けを求める
3. わたしは ししの群れの　　　　　な　か　　人を食い尽くす けものの　　　　なか
4. 神よ わたしの心は ひるむこと　な　く　　あなたを たたえて　　　　　　　歌う
5. 神よ 民の中で あなたを　　　　たたえ　　人々の中で わたしは　　　　　ほめ歌う

答唱 え い－こうは せ かいにおよ び す べてをこえ てか みはいだい

1. 神の名を ほめたたえよ　聖なる者が現れる時神を拝　　める
2. 神の声には 力が　　あ り　その響きには　威厳があ　　る
3. 神は 民に力を　授　け　平和のうちに　祝福され　　る

1. 翼の陰に身を ひそめる　災いが　過ぎ去るま　　　　で
2. 神は使いを送って わたしを 救 い　いつくしみと まことで おおってくださ　る
3. きばは やりの よう に　舌は剣のように とがって　い る
4. 目ざめよ わたしの魂 目ざめよたてごと　あけぼのを 呼びさまそ　う
5. あなたの恵みは 天地に あふ れ　あなたのまことは 雲に そびえ　る

33

25〜7 栄光は世界に および

115
380

25 詩編 97・1+2　6+9　10+11　8+12　神の正義　支配　喜び　降誕節　入祭の歌　閉祭の歌　降誕早朝
26 詩編 117・1+2　栄　　諸国の民　閉祭の歌　年間9C　21C　パウロの回心　トマ
27 詩編 147（前半）・1+2　4+5　3+6　7+11　造り主への賛美　四旬節　入祭の歌　年間5B

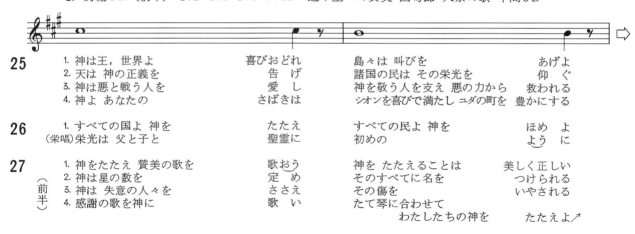

25
1. 神は王，世界よ　　　　　　喜びおどれ　　島々は 叫びを　　　　　　　　あげよ
2. 天は 神の正義を　　　　　　告　げ　　　諸国の民は その栄光を　　　　仰　ぐ
3. 神は悪と戦う人を　　　　　　愛　し　　　神を敬う人を支え 悪の力から　　救われる
4. 神よ あなたの　　　　　　　さばきは　　シオンを喜びで満たし ユダの町を　豊かにする

26
1. すべての国よ 神を　　　　　たたえ　　　すべての民よ 神を　　　　　　　ほめ　よ
（栄唱）栄光は 父と子と　　　　聖霊に　　　初めの　　　　　　　　　　　　よう　に

27
1. 神をたたえ 賛美の歌を　　　歌おう　　　神を たたえることは　　　　　美しく正しい
2. 神は星の数を　　　　　　　　定　め　　　そのすべてに名を　　　　　　　つけられる
（前半）
3. 神は 失意の人々を　　　　　ささえ　　　その傷を　　　　　　　　　　　いやされる
4. 感謝の歌を神に　　　　　　　歌　い　　　たて琴に合わせて
　　　　　　　　　　　　　　　　　　　　　わたしたちの神を　　　　　　　たたえよ↗

主の変容 使徒ヨハネ

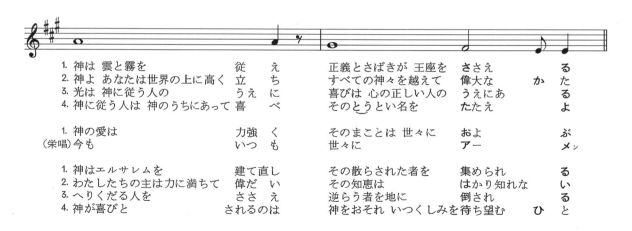

28 エルサレムよ、おまえを忘れるよりは

250
CL
TS

詩編 **137**・1+2　3+4　答 5+6　エルサレム　信仰共同体　愛と誠実　回心

四旬節　待降節　四旬4B　共同回心式

詩編の 1 と 2 の間に答唱を入れてもよい。また，同声二部を男声でうたう場合は D-moll に移調した方がよい。

29 エルサレムよ ほめたたえよ

詩編 147・1+2 4+5 6+7 12+13   栄 神への賛美 入祭の歌 閉祭の歌 復活節

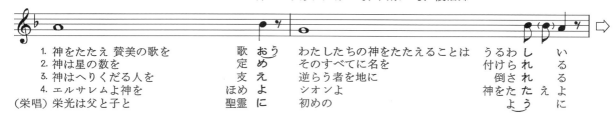

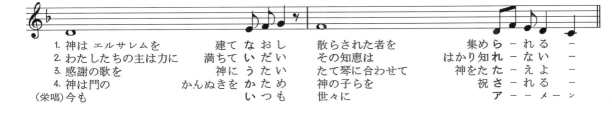

30 かみさまの あいは

こどもとともに

詩編 148・1b+2a+3+5b+6 7+8a+9a+10a+6 11+12+13 参照

31 　　　神は王を　たてたもう

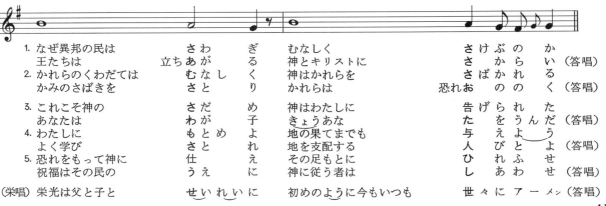

32〜3 神に向かって

答唱 かみーにむかってよ ろこびうたい かんしゃのうたをさ さげよう

32 詩編22（後半）・26＋27a　28a＋27b＋28b＋29　30＋31a　31b＋32　神の民の賛美　入祭の歌
33 詩編47・2＋3　4＋5　7＋8　9＋10b　神の民の賛美　神の支配　宇宙の王　復活節　入祭の歌

32
1. 神の恵みによって
　　　　民のつどいで賛美を　　ささ　げ↗
2. 遠く地の果てまで
　　　　すべての者が神に　　たちかえり↗
3. 地に栄える者も　神を　　あが　め
4. かれらは主のわざを
　　　　次の世代に　かたりつぎ

　　神をおそれる人々の前で
　　　　　　わたしは誓いを　果た　す↗
　　生きる喜びで かれらの心は
　　　　　　　　いつも　満たされる↗
　　地に帰る者も　み前に　　ひれふ　す
　　あとから生まれてくる　　　たみ　に

33
1. すべての民よ　手を　　　　うちならし　　神に喜びの叫びを　　　　あげ　よ
2. 神はすべての民をわたしたちにゆだ　ね　　すべての国を わたしたちのものと　され　た
3. 神を　たたえて　　　　　　ほめうたえ　　わたしたちの王を　　　　ほめうたえ
4. 神は　諸国の民を　　　　　みちび　き　　とうとい座について　　　おられ　る

奉納の歌 復活5Ｂ

1. 貧しい人は かてに　　　　　恵ま**れ**　　　　神を求める人は 賛美を　　　　ささげ **る**
2. 諸国の民は 神の前にひざを　かがめ **る**　　　わたしたちの国は 神のもの
　　　　　　　　　　　　　　　　　　　　　　　神は諸国を 治められ **る**
3. わたしは 神のために　　　　生 **き**　　　　子孫は神に　　　　　　　　仕え **る**
4. 神の　　　　　　　　　　　　**わ**ざ　　　　その救いを　　　　　　　　告げ知らせ**る**

1. すべてを越える神　　　おそるべきかた　　　世界を治める偉大な　　　　**おう**
2. 神は 約束の地を　　　　与えられ **た**　　　愛するヤコブの誉れの　　　地 **を**
3. まことに神は 世界の　　　　　**お う**　　　力の限り　　　　　　　　ほめ歌 **え**
4. 神は 宇宙の　　　　　　造り **ぬし**　　　　すべての人に　　　　　　あがめられ**る**

43

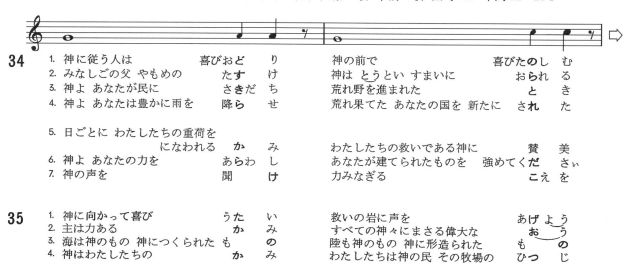

36~8 神の いつくしみを

答唱 かみ の い つくしみを とこしえにうたい 主 のまことを 代々につげよう

36 詩編 45・2　3+4　7+8　11+12　17+18　　神の子の王職　キリストと教会　王キリストとマリア　聖母被昇天
37 詩編 89（前半）・2+3　6+8　14+15　16+17　18+19　　答2　　神のいつくしみ　神の正義の実現　復活節
38 詩編 89（後半）・21+22　25+27　29+35　37+38　　油注がれた者　神の選び　永遠の契約　待降節　入祭の歌

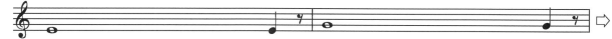

36
1. うるわしいことばに高鳴る　　　　　　　心で　　　　わたしは王に この歌を　　　　　ささげる
2. あなたは人の子のうち たぐいなく　美しく　　気品は あなたの口もとに　　　　　　ただよう
3. 神は とこしえに あなたを王座につけられた　あなたは 正義をもって国を　　　　　治める
4. 「娘よ 聞け 耳を　　　　　　　　傾けよ　　おまえの民と父母の家を　　　　　　忘れよ
5. あなたは先祖のために子孫を　　　　もうけ　かれらに国を　　　　　　　　　　治めさせる

37
1. 神よ あなたのいつくしみを とこしえに　歌い　　あなたのまことを代々に　　　　告げよう
2. 神よ 大空は あなたの不思議なわざを たたえ　　天のつどいは あなたのまことを　賛美する
3. あなたの腕は力に　　　　　　　みなぎり　　　その手は強く 右の手は高く　　　あがる
4. 神よ あなたの輝きを　　　　　　知り　　　　その光の中を歩む民は　　　　　　しあわせ
5. あなたは わたしたちの力と　　　栄光　　　　その恵みで わたしたちは高く　　あげられる

38
1. わたしは しもべダビドを　　　　　選び　　　とうとい油を かれに　　　　　　　注いだ
2. いつくしみと まことは かれと　ともにあり　かれは わたしによって　　　　　　高められる
3. わたしの いつくしみは永遠に変わること なく　わたしの結んだ契約は とこしえに保たれる
4. ダビドの子孫は とこしえに　　　　続き　　　その王座は太陽のように わたしの前にある

答唱 かみのいつくしみを とこしえにうたい 主のまことを 代々につげよう

入祭の歌 待降4B 降誕前晩 年間13A ヨセフ マルコ
聖香油ミサ

1. もの書く筆の はずみの　　　　　ように　　　ことばは口に　　　　　　　　流れ出る
2. 神は とこしえに あなたを　　　祝福される　あなたは光と輝きを身に　　　まとう
3. 正義を愛し 悪を憎むあなたを 神は　選び　　豊かに喜びの油を　　　　　　注がれた
4. おまえのうるわしさを慕う王を 主と あがめ　心を尽くして　　　　　　　　仕えよ」
5. わたしは王の名を代々に　　　　　残し　　　人々は終わりなく王を　　　　たたえる

1. そのいつくしみは変わること　　　なく　　　そのまことは天に　　　　　　基づく
2. あなたは天のつどいで　　　　　　あがめられ　すべての者の中で おそれ　　敬われる
3. 正義と公平は あなたの国の　　　基い　　　いつくしみと まことは あなたの前を　進む
4. あなたの名をいつも　　　　　　　喜び　　　あなたの正義によって高く　　　あげられる
5. わたしたちの盾は　　　　　　　　神のもの　わたしたちの王はイスラエルの聖なるかたの　もの

1. わたしの手は いつも かれとともに　　あり　わたしの腕は かれを　　　　　強める
2. かれは わたしに　　　　　　　　呼びかける　「わたしの父 わたしの神 わたしの救いの　ちから」
3. わたしは契約を　　　　　　　　　破らず　　約束したことばを　　　　　　変えない
4. 大空を見まもる月の　　　　　　　ように　　その王座は とこしえに　　　　続く

47

39〜40　　　　　　　　神の いつくしみを

39 詩編 93・1+2 3+4 5+栄　神の栄光　賛美　復活節　入祭の歌　王・キリストB
40 詩編 107・1+2a 3+8 6+9 17+20 22+43 23+24 28a+29+30 31+32　救いの感謝　神の不思議なわざ

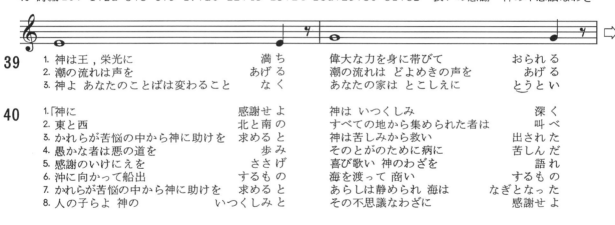

39
1. 神は王，栄光に　　　　　　　　満ち　　　偉大な力を身に帯びて　　　　おられる
2. 潮の流れは声を　　　　　　　　あげる　　潮の流れは どよめきの声を　　あげる
3. 神よ あなたのことばは変わること　なく　　あなたの家は とこしえに　　　とうとい

40
1. 「神に　　　　　　　　　　　　感謝せよ　神は いつくしみ　　　　　　深く
2. 東と西　　　　　　　　　　　　北と南の　すべての地から集められた者は　叫べ
3. かれらが苦悩の中から神に助けを　求めると　神は苦しみから救い　　　　　出された
4. 愚かな者は悪の道を　　　　　　歩み　　　そのとがのために病に　　　　苦しんだ
5. 感謝のいけにえを　　　　　　　ささげ　　喜び歌い 神のわざを　　　　　語れ
6. 沖に向かって船出　　　　　　　するもの　海を渡って 商い　　　　　　　するもの
7. かれらが苦悩の中から神に助けを　求めると　あらしは静められ 海は　　　　なぎとなった
8. 人の子らよ 神の　　　　　　　いつくしみと　その不思議なわざに　　　感謝せよ

四旬節 入祭の歌 年間12B

1. 神は 世界を ゆるぎなく　　　　　　建　て　　とこしえに王座をすえ永遠に座して　おられ　る
2. とどろく海 さかまく波に　　　　　　まさ　り　　すべてを越える神は　　　　　　　　力強　い
(栄唱)栄光は父と子と　　　　　　　　聖霊　に　　初めのように 今もいつも世々に　　アーメ ン

1. そのあわれみは　　　　　　　　　　永　遠　　神に あがなわれた者は　　　　　　　　叫　べ
2.「人の子らよ 神の　　　　　　いつくしみ と　　その不思議なわざに　　　　　　　感謝せよ」と
3. 神は かわいた心を　　　　　　　　　潤　し　　飢えた魂を よいもので　　　　　　　満たされ る
4. 神は みことばを遣わして かれらを　　いや　し　　死の病から　　　　　　　　　　　　助けられ た
5. 知恵のある人は これを　　　　心に留　め　　神のいつくしみを　　　　　　　　　　悟　れ
6. かれらは　　　　　　　　　　　大海原　で　　神の不思議なわざを　　　　　　　　　見　た
7. 神は かれらを目ざす港に　　　　　導か　れ　　かれらは静かな海を　　　　　　　　　渡った
8. 民のつどいで 神を　　　　　　　　あが　め　　長老の集まりで神を　　　　　　　　　たたえ よ

41 神の いつくしみを (2)

詩編 89・6+7 9+10 14+15 16+17   神のわざ 正義 復活節 入祭の歌

（独唱または二重唱）

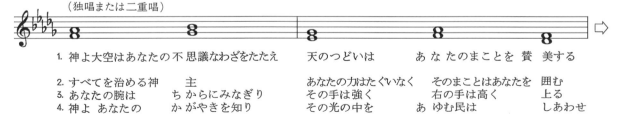

(注）詩編を四部で歌う時にはオルガンのパート譜を使用することもできる。
1小節目を混声四部，2小節目を Sop. と Alt. の二重唱，3小節目を
Ten. と Bas. 最後に混声にする等歌い方を工夫するとよい。

42 神の おきてを喜び

詩編 1・1 3 4+5 6 栄 答2　神のおきて　回心　集会　入祭の歌　年間6C　入門式

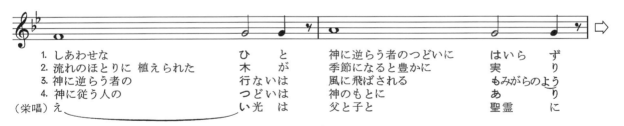

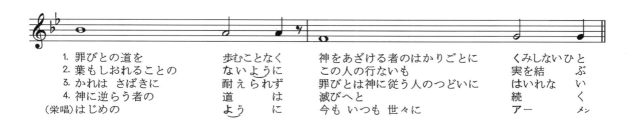

1. 罪びとの道を　　歩むことなく　　神をあざける者のはかりごとに　　くみしないひと
2. 葉もしおれることの　ないように　　この人の行ないも　　　　　　　　実を結　ぶ
3. かれは　さばきに　耐えられず　　罪びとは神に従う人のつどいに　　はいれない
4. 神に逆らう者の　　道　は　　　　滅びへと　　　　　　　　　　　　続　く

(栄唱)はじめの　　　　ように　　　今も いつも 世々に　　　　　　　アーメン

55

神のことば

詩編 **19**・8 10 12 13 15　神のことば　四旬3B　年間3C　26B

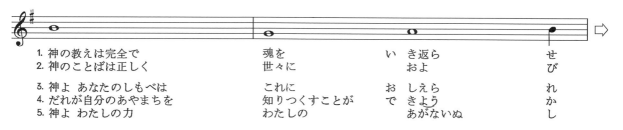

1. 神の教えは完全で　　　　　魂を　　　　　　い き返ら　　　せ
2. 神のことばは正しく　　　　世々に　　　　　およ　　　　　　び
3. 神よ あなたのしもべは　　これに　　　　　お しえら　　　れ
4. だれが自分のあやまちを　　知りつくすことが　で きよう　　　かし
5. 神よ わたしの力　　　　　わたしの　　　　あがないぬ　　　し

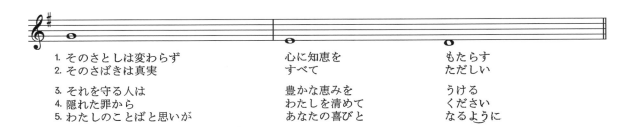

1. そのさとしは変わらず　　心に知恵を　　　　もたらす
2. そのさばきは真実　　　　すべて　　　　　　ただしい

3. それを守る人は　　　　　豊かな恵みを　　　うける
4. 隠れた罪から　　　　　　わたしを清めて　　ください
5. わたしのことばと思いが　あなたの喜びと　　なるように

45 神の栄えを ほめ歌い

答唱 かみのさかえを ほめーうたい そのえいこうを さんびせよ

詩編 66・3+4　5+6　7+9　10+12bc　13+14　15　16+17　18+19　1+8b+20　　栄光の賛美 解放の恵み

1. あなたのわざは　　おそるべきも　の　　　はむかう者も 偉大な力に　　ひざをかがめ　　る
2. 神のわざを　　　　仰ぎ見　　　　よ　　　人々に行われた　　　　　　おそるべきわざ　を

3. 神は力を現して　　とこしえに治　め　　　諸国に目を注ぎ逆らう者を　高ぶらせな　　　い
4. 神よあなたは　　　わたしたちをため　し　　銀を精錬するように　　　清められ　　　　た
5. わたしは焼きつくす
　　　　いけにえを　たずさ　　　　え　　　あなたの家に はいり　　　誓いを果た　　　す
6. わたしは雄羊の　　はんさい　　　を　　　かおりと ともに　　　　ささ　　　　　　げ

7. 神をおそれる者は　耳を傾け　　　よ　　　神のわざを語ろう わたしの上に　行なわれたこと　を
8. 心にやましさが　　ある者　　　　を　　　主は 受け入れて　　　　くださらな　　　い
9. すべての人よ
　　神にむかって 喜びの声をあ　　げ　　　賛美の歌を　　　　　　　ひびかせ　　　　よ

宣教 拝領の歌 復活6A 年間14C

詩編 33・4+5 6+11 12+13 14+15 20+21　栄　神のいつくしみ　信頼　希望　入祭の歌　拝領の歌
四旬2A　復活5A　三位一体B　年間19C　29B　結婚式

1. 主のことばはた　　　　　　　　　だ　し　く　　そのわざにはいつわりが　　　　な　　い
2. 天はみことばによってつ　　　　　く　ら　れ　　星座は主のいぶきによってす　　え　ら　れた
3. あなたを神としてい　　　　　　　た　だく　くに　選ばれた民はし　　　　　　　　あ　わ　せ
4. 神はその　　　　　　　　　　　　す　ま　いから　地に住むすべての人に目をそ　　そ　が　れる
5. 神はわれらの助けわれらの　　　　た　　て　　　　わたしの魂は主を待　　　　　　ち　の　ぞむ
（栄唱）栄光は父と子とせ　　　　　い霊　　に　　　初めの　　　　　　　　　　　　よ　う　に

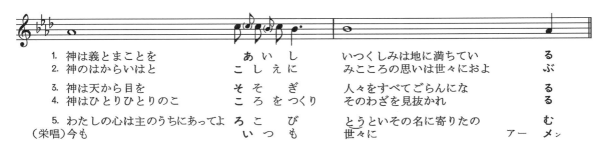

1. 神は義とまことを　　　　　　　　あ　い　し　　いつくしみは地に満ちてい　　　　　　る
2. 神のはからいはと　　　　　　　　こ　し　えに　みこころの思いは世々におよ　　　　　ぶ
3. 神は天から目を　　　　　　　　　そ　そ　ぎ　　人々をすべてごらんにな　　　　　　　る
4. 神はひとりひとりのこ　　　　　　ころ　をつくり　そのわざを見抜かれ　　　　　　　　る
5. わたしの心は主のうちにあってよ　ろ　こ　び　　とうといその名に寄りたの　　　　　　む
（栄唱）今も　　　　　　　　　　　い　つ　も　　世々に　　　　　　　　　ア　ー　メ　ン

63

のえいこうは てんにそびえる

のえいこうは てんにそびえる

49 ダニエル補 アザルヤ29 30＋32 31＋33 34＋栄 神の栄光 神の名 賛美 復活節 入祭の歌 拝領の歌
三位一体Ａ

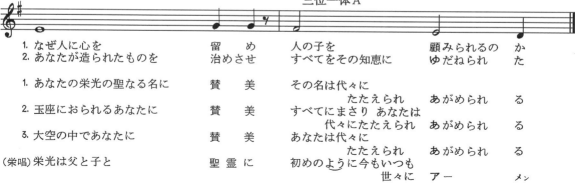

1. なぜ人に心を　　　　　　　留　め　　人の子を　　　　　　顧みられるの　か
2. あなたが造られたものを　　治めさせ　すべてをその知恵に　ゆだねられ　　た

1. あなたの栄光の聖なる名に　　賛　美　その名は代々に
　　　　　　　　　　　　　　　　　　　　たたえられ　あがめられ　る
2. 玉座におられるあなたに　　　賛　美　すべてにまさり あなたは
　　　　　　　　　　　　　　　　　　　　代々にたたえられ　あがめられ　る
3. 大空の中であなたに　　　　　賛　美　あなたは代々に
　　　　　　　　　　　　　　　　　　　　たたえられ　あがめられ　る
(栄唱)栄光は父と子と　　　　　聖　霊　に　初めのように今もいつも
　　　　　　　　　　　　　　　　　　　　世々に　ア－　　　　メン

65

50〜1　　　　　神 の 名 は

110
376

50　詩編 48・2+3　4+9　10+11　12+15　　神の都　神のすまい　栄光　保護　奉納の歌
51　詩編 113・1+2　3+4　7+8　9+栄　　神の名　賛美　栄光　年間25 C　マチア

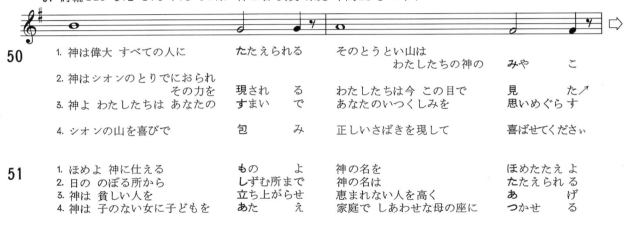

50
1. 神は偉大　すべての人に　　　　たたえられる　　そのとうとい山は
　　　　　　　　　　　　　　　　　　　　　　　　　　わたしたちの神の　　みや　　こ
2. 神はシオンのとりでにおられ
　　　　　　　　　その力を　　　現され　　　る　　わたしたちは今　この目で　　見い　た↗
3. 神よ　わたしたちは　あなたの　すまい　　で　　あなたのいつくしみを　　思いめぐらす

4. シオンの山を喜びで　　　　　　包　　　み　　正しいさばきを現して　　喜ばせてくださぃ

51
1. ほめよ　神に仕える　　　　　　もの　　　よ　　神の名を　　　　　　　ほめたたえ　よ
2. 日の のぼる所から　　　　　　しずむ所まで　　神の名は　　　　　　　たたえられ　る
3. 神は 貧しい人を　　　　　　　立ち上がらせ　　恵まれない人を高く　　あ　　　げ
4. 神は 子のない女に子どもを　　あた　　　え　　家庭で しあわせな母の座に　つかせ　　る

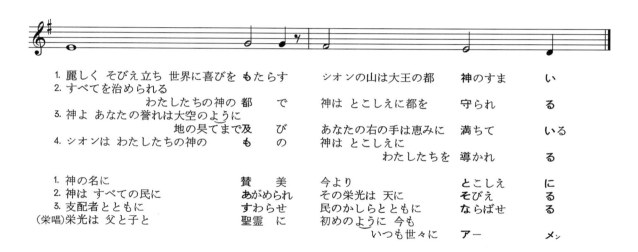

52 神の はからいは

答唱 かみのはからいは かぎりなく しょうがいわたしは そ の なかに 生き る

詩編90・1+2+14　3+5ab　4+5c+6　11+12　16+17　人の生涯　神のはからい
年間23C　28B

1. 主よ あなたは代々に
わたって わたしたちのすまい
世界が造られる前から
永遠に あなたは かみ
2. あなたは人に
「もとにもどれ」と お おせにな り
人は ちりに もどされ る
3. あなたの目には
千年も過ぎ去った いちにちのよう
夜回りのひと時に すぎな い
4. だれが あなたの
怒りの力を さと - り
憤りの恐ろしさを 知っているの か
5. あなたのわざを わたしたちのうえに
あなたの輝きを子孫に あらわしてください

1. 朝ごとに あなたの いつくしみを そそ ぎ↗ 日々 わたしたちに 喜びの歌を うたわせてください
2. あなたが いのちを た たれると↗ 人は眠りに おちい る
3. 人のいのちは く さのよう あしたには花を開くが 夕べには しおれて枯れ る
4. 残された日々を数えることを おし え 知恵に向かう心を あたえてくださ い
5. わたしたちの神 主が その恵みを そそが れ↗ わたしたちの手のわざが 実り豊かなものと なるよう に

53 神の はからいは

詩編 139・1＋2　　3＋4　　9＋10　　13＋14　　17＋18　　人を知る神　神の遍在　神のはからい　信頼
洗礼者ヨハネ

1. 神よ あなたは わたしを　こころにか　け　　わたしの すべてを知って　　おられ　　る
2. 歩む時も 休む時も　　　　見守　　　り　　わたしの行いを すべて知って　おられ　　る
3. 翼を駆って 東の果てに　　のがれて　　も　　海を渡り 西の果てに　　　　住んで　　も
4. あなたは わたしのからだを つく－　　り　　母の胎内で わたしを　　　　　かたち造られた

5. 神よ あなたの思いは　　　きわめがた く　　そのすべてを知ることは　　　できな　　い

54〜6 神の み旨を行うことは

答唱 かみのみむねをおこなうことはわたしのこころのよろこび

54 詩編 40・2+4ab 6 10 11ab+12 17 信仰生活の喜び 感謝と信仰告白 神のお告げ 年間2AB 20C
55 詩編 67・2+3 4+5 7+8 神の恵みと祝福 聖母の祝日 神の母 復活6C 年間20A
56 詩編 119・57+58 29+30 64+65 73+74 89+90 神のことば 希望と喜び

54
1. わたしは せつに 神を　　　　　　　呼び求め　　神は耳を傾けて わたしの叫びを　　　聞き入れられた
2. 神よ あなたの不思議なわざは　　　数えきれず　　そのはからいは　　　　　　　　　　たぐいなく
3. わたしは人々のつどいの　　　　　　中で　　　　あなたの救いのわざを　　　　　　　告げ知らせ
4. わたしは あなたの恵みを心の中に　隠さず　　　救いの力と真実を　　　　　　　　　のべ伝える
5. あなたを求める すべての　　　　　人は　　　　あなたのうちにあって　　　　　　　喜び楽しみ

55
1. 神よ あわれみと祝福を　　　　わたしたちに　　あなたの顔の光をわたしたちの上に照らしてください
2. 諸国の民は あなたを　　　　　たたえ　　　　　すべての民は あなたを　　　　　　賛美せよ
3. 地は豊かに　　　　　　　　　　実り　　　　　　神は わたしたちを　　　　　　　　祝福された

56
1. 神よ あなたは わたしの　　　　　　すべて　　　あなたのことばを わたしは　　　　　　　　守る
2. いつわりの道から わたしを　　　　　退け　　　　教えを授けて　　　　　　　　　　　　　　ください
3. 神よ 世界は あなたのいつくしみに　満ちている　あなたのおきてを教えて　　　　　　　　　ください
4. 神よ あなたは わたしを造り　　　　守られる　　知恵を与え あなたのすすめを 学ばせて　ください
5. 神よ あなたのことばは とこしえに　続き　　　　天に堅く　　　　　　　　　　　　　　　立つ

答唱 かみのみむねをおこなうことはわたしのこころのよろこび

1. 神は わたしの口に新しい　　　　　歌を　　神への賛美の歌を　　　　　　　　授けられた
2. わたしが それを　　　　　告げ知らせても　すべてを語り尽くすことは　　　　　　できない
3. けっして口を 閉じることが　　　　　ない　　神よ あなたはそれを知って　　　　おられる
4. 神よ 豊かなあわれみを　　わたしの上に　　いつくしみと まことで いつも守って ください
5. 救いの力を とうとぶ　　　　　　　　人は　　「神は偉大なかた」といつも　　　　たたえる

1. あなたのわざが世界に　　　　　　　知られ　救いが すべての国に知られる　　　　ように
2. すべての国は喜び　　　　　　　　　歌え　　あなたは民を正しくさばき諸国の民を 導かれる
3. 地の果てに至るまで 神をおそれ　　敬え　　神は わたしたちを　　　　　　　　祝福された

1. わたしは心をこめて　　　　　　　　祈る　　仰せのとおり いつくしみを示して　　ください
2. わたしは真実の道を　　　　　こころざし　　あなたのさばきを心に　　　　　　　おさめる
3. 神よ あなたは おことばの　　　　とおり　　わたしに いつくしみを示して　　　くださった
4. わたし あなたのことばに希望を　　おく　　あなたを おそれる人は わたしを見て 喜ぶ
5. あなたのまことは世々に　　　　　続き　　　あなたに すえられた地は　　　　　　ゆるがない

57~8 神のわざ とわに留まれ

12改

CL
TM

答唱 かみのわざ とわにとどまれ われらのうちに

57 詩編 96・1+2+3 4+5+6 7+8+9 10+11 12+13　創造 支配 栄光 賛美 閉祭の歌 降誕節
58 詩編 98・1+4 2+3 5+6+9　救いのわざ 正義とさばき 賛美 閉祭の歌 降誕節

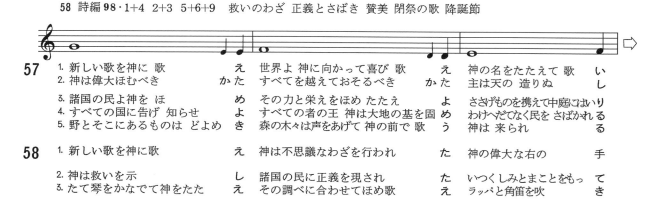

57
1. 新しい歌を神に歌　　　　　え　世界よ 神に向かって喜び 歌　　え　神の名をたたえて 歌　　い
2. 神は偉大ほむべき　　　　　かた　すべてを越えておそるべき　　かた　主は天の 造りぬ　　　し
3. 諸国の民よ神を ほ　　　　　め　その力と栄えをほめ たたえ　　よ　ささげものを携えて中庭にはい　り
4. すべての国に告げ 知らせ　　よ　すべての者の王 神は大地の基を固　め　わけへだてなく民を さばかれ　る
5. 野とそこにあるものは どよめ　き　森の木々は声をあげて 神の前で 歌　う　神は 来られ　　　　　　る

58
1. 新しい歌を神に歌　　　　　え　神は不思議なわざを行われ　　た　神の偉大な右の　　　　手
2. 神は救いを示　　　　　　　し　諸国の民に正義を現され　　　た　いつくしみとまことをもっ　て
3. たて琴をかなでて神をたた　　え　その調べに合わせてほめ歌　　え　ラッパと角笛を吹　　　　き

74

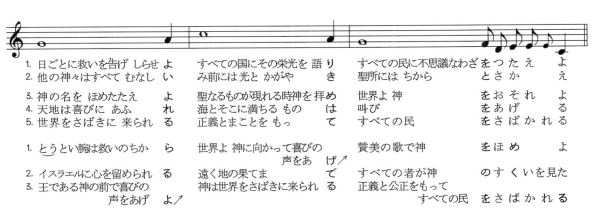

59 神の わざを思い起こそう

詩編 78・1〜4　5〜7　10〜11　12〜15　17〜18　23〜24　26〜27　32〜35　25+54　救いの歴史　神のわざ

十字架称賛（1ab 5ab）年間18B（※印）幼児洗礼（1ab 2a a'）

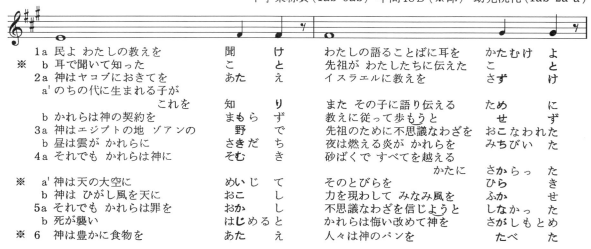

神は すべてのものを治め

CL AT

詩編 72・1+2　4+7　8+11　12+13　17　18+19a　神の支配　平和　祝福　待降2A　主の公現

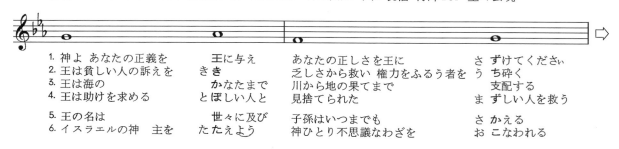

61 神は残された 不思議なわざの記念を

CL TS

300

♩=76くらい

答唱 かみ は のこーされた ふしぎな わざ の きねーんを

詩編 **111**・1+2 3+4b+5b 7+8 9c+10　神のわざの記念　賛美と感謝　奉納の歌　拝領の歌　聖体賛美式

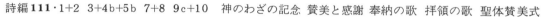

1. 心を尽くして神に　　　感謝しよ　　う　　　神をたたえる人のつどいの　　　な か で
2. 神のわざは力と輝きに　　　　満　　ち　　　その正義は とこしえに　　　　　　及　ぶ
3. 神のわざには まことと　　　　めぐみ　　　すべての定めは　　　　　　ゆるぎな　く
4. 神の名は とうとく　　おそるべきも　の　　　神をおそれることは 知恵の　　　はじめ

1. 神のわざは　　　　　　　　　　いだい　　　人はそのわざを尋ね求めて　　喜　ぶ
2. 神は恵み豊かで　　　　あわれみ深　く　　　とこしえに契約を心に留めて くださ　る
3. 世々 とこしえに　　　　　すえら　れる　　　正しさと まことに基づいて　　　い る
4. これを行う者は すべてを　わきまえ　る　　　神への賛美は世々　　　　とこしえ に

62 神は わたしの唯一の望み

詩編130・1+2+3 5+6 7-8　答5　回心　信頼　希望　四旬節　入祭の歌　拝領の歌　四旬5A　年間10B

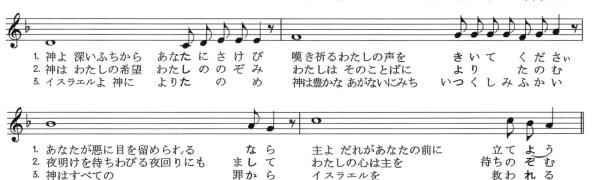

63 神は恵みと あわれみに満ち

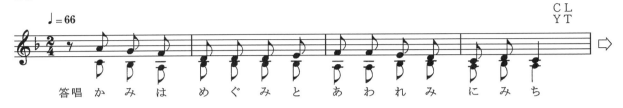

詩編 145・7+9 10+11 13cd+14 15+16 17+18 19+20   答8 神の恵みといつくしみ 信頼と希望

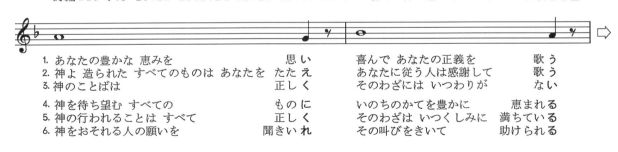

復活５Ｃ 年間１４Ａ １７Ｂ １８Ａ ２０Ｂ ２５Ａ ３１Ｃ バルトロマイ ルカ

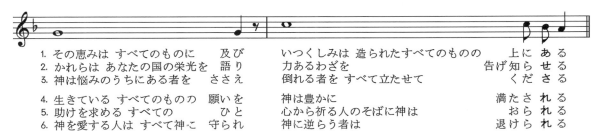

1. その恵みは すべてのものに　　及び　　　　いつくしみは 造られたすべてのものの　　　上に **ある**
2. かれらは あなたの国の栄光を　語り　　　　力あるわざを　　　　　　　　　　　　　告げ知ら **せる**
3. 神は悩みのうちにある者を　　ささえ　　　　倒れる者を すべて立たせて　　　　　　　　くだ **さる**
4. 生きている すべてのものの　　願いを　　　神は豊かに　　　　　　　　　　　　　　　　満たさ **れる**
5. 助けを求める すべての　　　　ひと　　　　心から祈る人のそばに神は　　　　　　　　　　おら **れる**
6. 神を愛する人は すべて神に　　守られ　　　神に逆らう者は　　　　　　　　　　　　　退けら **れる**

64〜5 神は わたしを救われる

159
388

C L
T S

答唱 かみはわたしをすくわれる そのいつくしみをたたえよう

64 詩編 18・3 16+17 23+25 29+31 33+37 47+50　救いの力　ゆるがない歩み　年間30A　31B
65 詩編 30・2b+4 6 11+12 13　救いの恵み　神のいつくしみ　四旬節　入祭の歌　復活徹夜　復活3C

64
1. 神は わたしのとりで わたしの　　　　　い　　わ　　　わたしの救い 身を避ける　　　　　い　　わ
2. 神のことばと いぶきに　　　　　　　　　よ　　って　　海の底は現れ 地の基いがあらわに　　な　　る
3. 神のさばきは わたしの　　　　　　　　　前　　に　　そのおきては身近に　　　　　　　　　　あ　　る

4. 神は輝く　　　　　　　　　　　　　　　ともしび　　わたしのやみを照らす　　　　　　　　　か　　た

5. 神は わたしに力を　　　　　　　　　　　与　　え　　わたしの道を正しく　　　　　　　　　　される
6. わたしを ささえる　　　　　　　　　　　い　　わ　　わたしを救われる神に 栄光と　　　　　　賛　美

65
1. 神よ あなたは わたしを　　　　　　　　救　　い　　死の力が勝ち誇るのを許され　　　　　　な　　い
2. 滅びは神の怒りの　　　　　　　　　　　　うち　に　　いのちは恵みのうちに　　　　　　　　　　あ　　る
3. 神よ いつくしみ深く わたしを　　　　　　顧　　み　　わたしの助けとなって　　　　　　　　　ください
4. わたしの心は あなたを　　　　　　　　　　たた　え　　黙っていることが　　　　　　　　　　　　な　　い

答唱 かみはわたしをすくわれる そのいつくしみをたたえよう

年間10C 13B

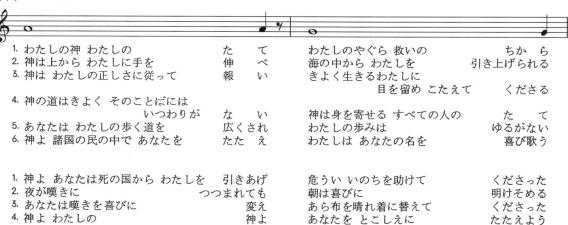

1. わたしの神 わたしの　　　　　　　たて　　わたしのやぐら 救いの　　　　　　ちから
2. 神は上から わたしに手を　　　　　伸べ　　海の中から わたしを　　　　　引き上げられる
3. 神は わたしの正しさに従って　　　報い　　きよく生きるわたしに
　　　　　　　　　　　　　　　　　　　　　　　　　　目を留め こたえて　　くださる
4. 神の道はきよく そのことばには
　　　　　　　　　いつわりが　　　　ない　　神は身を寄せる すべての人の　　たて
5. あなたは わたしの歩く道を　　　広くされ　わたしの歩みは　　　　　　　ゆるがない
6. 神よ 諸国の民の中で あなたを　　たたえ　　わたしは あなたの名を　　　喜び歌う

1. 神よ あなたは死の国から わたしを 引きあげ　危うい いのちを助けて　　　くださった
2. 夜が嘆きに　　　　　　　つつまれても　　朝は喜びに　　　　　　　　　明けそめる
3. あなたは嘆きを喜びに　　　　　　変え　　　あら布を晴れ着に替えて　　　くださった
4. 神よ わたしの　　　　　　　　　神よ　　　あなたを とこしえに　　　　たたえよう

66～7　　神は わたしを救われる

159
390

66 詩編31・2+3　4+5　6+7　15+16a+17b　20+22　24+25　　嘆願 信頼　年間9A

67 詩編41・2+3　4+5　11+12+13　　思いやり 神のあわれみ　年間7B

66

1. 神よ あなたのもとに わたしは　　のがれる　　　とこしえに恥を負わせず
　　　　　　　　　　　　　　　　　　　　　　　　　　　正義によって救って くだ さぃ↗
2. 神よ あなたはわたしの岩 わたしの　とり　で　　あなたのいつくしみによって わたしを　導き出し
3. 神よ あなたの手に わたしの霊を　　ゆだねる　　あなたは約束を守られるかた
　　　　　　　　　　　　　　　　　　　　　　わたしを あがなって　くだ さぃ↗
4. 神よ わたしは あなたに　　　　　　寄り頼む　　「あなたこそ わたしの　　　　神」
5. 神よ いつくしみは
　　　　あなたを敬う人に豊かに　　　　あふ　れ　　あなたに頼る者に注がれて人々に　　示される↗
6. 神を信じる すべての人よ 神を　　　愛　　せ　　神は誠実に生きる人を守られ
　　　　　　　　　　　　　　　　　　　　　　　思いあがる者に　きびしい↗

67

1. 貧しい人を思いやる者は　　　　　　しあわせ　　神は 災いの日に その人を　　　救われる
2. 神は 病気の床で かれを　　　　　　ささ　え　　病み伏すかれを いやして　　　くださる
3. 神よ わたしを あわれみ　　　立ちあがらせ　　かれらに 勝たせて　　　　　　くだ さぃ

68～9 神よ あなたの いぶきを

68 詩編104・1+2a 5+9 10+12 13+14 24+33　創造 神の霊 生きるものの賛美 復活徹夜 入祭の歌
69 詩編104・1b+24 29+30 31+34　答30　聖霊 堅信 叙階 聖霊降臨

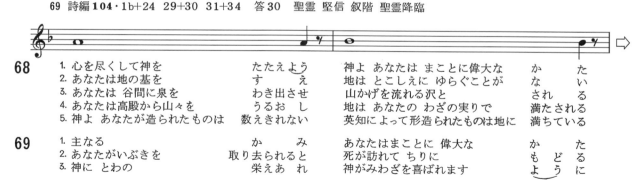

68
1. 心を尽くして神を　　　　　　たたえよう　　神よ あなたは まことに偉大な　　か　　た
2. あなたは地の基を　　　　　　す　え　　　　地は とこしえに ゆらぐことが　　な　　い
3. あなたは 谷間に泉を　　　　わき出させ　　山かげを流れる沢と　　　　　　　され　　る
4. あなたは高殿から山々を　　　うるおし　　　地は あなたの わざの実りで　　満たされる
5. 神よ あなたが造られたものは　数えきれない　英知によって形造られたものは地に　満ちている

69
1. 主なる　　　　　　　　　　　か　み　　　　あなたはまことに 偉大な　　　　　か　　た
2. あなたがいぶきを　　　　　　取り去られると　死が訪れて ちりに　　　　　　　も　　ど　る
3. 神に とわの　　　　　　　　栄えあれ　　　　神がみわざを喜ばれます　　　　　　よう　に

拝領の歌

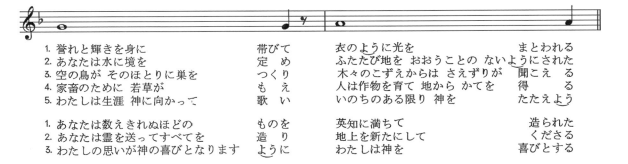

神よ あなたの顔の光を

285
396
C L
T S

答唱　神よ あなたの顔の光　　　を　　わたしたちの上に　　照らしてくだ　　さい

70　詩編 4・2　　3+4　　5+6　　8+9　　信頼 回心 寝る前の祈り 復活3B
71　詩編 121・1+2　　3+4　　5+6　　7+8　神の助け 守り 保護 年間29C
72　詩編 134・1+2　　3+栄　神の祝福 寝る前の祈り

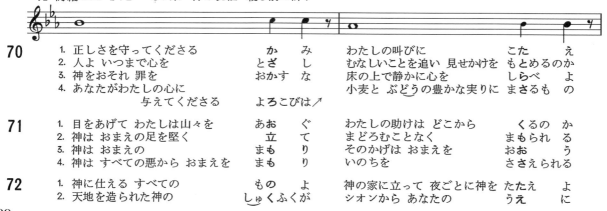

70
1. 正しさを守ってくださる　　　　　か　　み　　わたしの叫びに　　　　　　こた　　　え
2. 人よ いつまで心を　　　　　　　とざ　し　　むなしいことを追い 見せかけを もとめるのか
3. 神をおそれ 罪を　　　　　　　　おかす な　　床の上で静かに心を　　　　しらべ　　よ
4. あなたがわたしの心に　　　　　　　　　　　　小麦と ぶどうの豊かな実りに まさるも　の
　　　　　与えてくださる　　　よろこびは↗

71
1. 目をあげて わたしは山々を　　　あお　　ぐ　　わたしの助けは どこから　　くるの　　か
2. 神は おまえの足を堅く　　　　　立　　て　　まどろむことなく　　　　　まもられ　る
3. 神は おまえの　　　　　　　　　まも　　り　　そのかげは おまえを　　　おお　　　う
4. 神は すべての悪から おまえを　まも　　り　　いのちを　　　　　　　　ささえられる

72
1. 神に仕える すべての　　　　　　もの　　よ　　神の家に立って 夜ごとに神を たたえ　　よ
2. 天地を造られた神の　　　　　　しゅくふくが　　シオンから あなたの　　　うえ　　　に

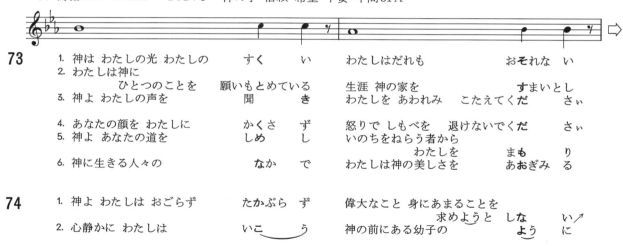

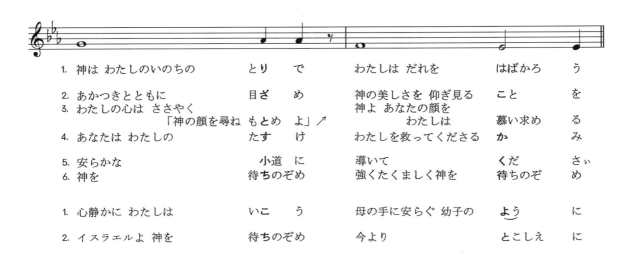

75 神よ あなたの ことばは

詩編 119・1+2a+3b　15+16　10+11b+108b　17+18　答 105 神のことば おきて 信頼 年間 6 A

1. しあわせな人 道から　　　　　　　それず　　神の教えに従って歩む　　　　ひと
2. あなたの定めを思い　　　　　　　めぐらし　　あなたの道に目を　　　　　　注　と
3. あなたのすすめから それない　　　ように　　心を尽くして あなたを　　　求め ぐ
4. 神よ あなたのことばを生涯守れる　ように　　豊かな恵みを与えて　　　　　くださ い

76 神よ あなたの ことばは (2)

詩編 119・1+2a+3b 15+16 17+18　開祭 入祭の歌 巡礼

1. しあわせな人　　　　みちからそれず　　神の教えに従って　　あ　ゆむひ と
2. あなたの定めを　　　おもいめぐらし　　あなたの道に目を　　そ　そぐ
3. 神よ あなたのことばを生涯　まもれるように　豊かな恵みを　　あ　たえてくださぃ

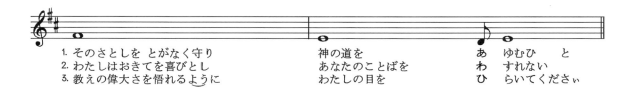

1. そのさとしを とがなく守り　　神の道を　　　　あ　ゆむひ と　わ　すれない
2. わたしはおきてを喜びとし　　あなたのことばを
3. 教えの偉大さを悟れるように　　わたしの目を　　　ひ　らいてくださぃ

77 神よ あなたの道をしめし

詩編 25・5 6+7 8+9　答4　神への道　回心　神の導き　待降節　四旬節　入祭の歌

78 神よ いつくしみを

詩編85・9ab 10 11 12 13 14　答8　正義　平和　待降節　入祭の歌

79 神よ あなたは わたしの力

出エジプト 15・1b+2b　3+4+5　6+16bc　17+18　　答 2a　　モーセ（ミリアム）の歌　旧約の過越　復活徹夜

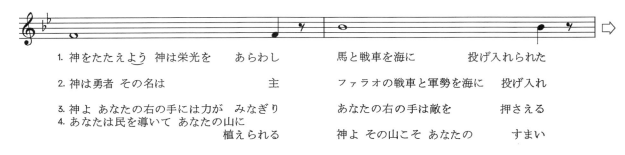

答唱 かみ よ あなたは わたしの ちから わたしの まもり すくい

1. 神よ あなたは わたしの神　　　　　　わたしは あなたを　　　　　あがめる
　　　　　わたしの先祖のかみ
2. そのえりぬきの士官は紅海に 沈んだ　　水はかれらをおおい かれらは　ずんだ
　　　　　　　　　　　　　　　　　　　石のように深みにし
3. 神よ こうして あなたの民は 通り過ぎ　あなたのものとされた民は　　すぎこす

4. あなたの手で つくられた　ところ　　神よ あなたは とこしえに治め　**支配**される

101

80~1　神よ　わたしに目を注ぎ

324
325
C L
T S

答唱　かみ　よ　わたしに目　を　そそぎ　つ　よめてください手　をさしのべて

80　詩編80・2　3+4　5+6　9+10　15+16　18+19　神の民　試練といつくしみ　救いの恵み　ぶどうの木　待降節
81　詩編85・2+3　5a+7+8a　9　10+11　12+13+14　罪のゆるし　正義と平和　主の再臨　待降節　入祭の歌

80
1. イスラエルを牧するかたよ　耳を　　　　傾けてください　　ヨセフを羊の群れのように　　　　導くかた
2. すべてを治める神よ　あなたの力を　　　現し　　　　　　わたしたちを救いに　　　　　　来てください
3. 神よ　民が祈って　　　　　　　　　　いるのに　　　　いつまで怒りを　　　　　　　　燃やされるのか
4. あなたは　ぶどうの木をエジプトから　　移し　　　　　　ほかの民を退けて　そこに　　　植えられた
5. すべてを治める神よ　あなたの目を　　　注いで　　　　　また　このぶどうの木を　　　　顧みてください
6. あなたの手は　あなたの右腕である人の　上に　　　　　　強められた民の　　　　　　　　上に

81
1. 神よ　あなたの国を豊かに　　　　　　　恵み　　　　　　ヤコブの栄えを新たにして　　　ください
2. 神よ　あなたは　わたしたちを救う　　　かた　　　　　　わたしたちのいのちを　　　　　新たにし
3. 神の語られることばを　　　　　　　　　聞こう　　　　　神は平和を　　　　　　　　　　約束される
4. 救いは神を　おそれる人に　　　　　　　近く　　　　　　栄光は　わたしたちの地に　　　住む
5. まことは地から芽ばえ　正義は天から　　見守る　　　　　神は恵みを注がれ　地は豊かに　実る

102

入祭の歌 待降1B 4C 年間27A
待降2B 年間15B 19A

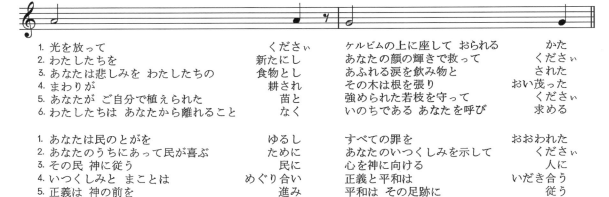

1. 光を放って　　　　　　　　　　ください　ケルビムの上に座して おられる　　　かた
2. わたしたちを　　　　　　　　　新たにし　あなたの顔の輝きで救って　　　　　ください
3. あなたは悲しみを わたしたちの　食物とし　あふれる涙を飲み物と　　　　　　された
4. まわりが　　　　　　　　　　　耕され　　その木は根を張り　　　　　　　　おい茂った
5. あなたが ご自分で植えられた　　苗と　　　強められた若枝を守って　　　　　ください
6. わたしたちは あなたから離れること なく　いのちである あなたを呼び　　　　求める

1. あなたは民のとがを　　　　　　　　ゆるし　すべての罪を　　　　　　　　　おおわれた
2. あなたのうちにあって民が喜ぶ　　　ために　あなたのいつくしみを示して　　ください
3. その民 神に従う　　　　　　　　　民に　　心を神に向ける　　　　　　　　人に
4. いつくしみと まことは　　　　　　めぐり合い　正義と平和は　　　　　　　いだき合う
5. 正義は 神の前を　　　　　　　　　進み　　平和は その足跡に　　　　　　従う

103

82 神を敬う人の死は

詩編116・3+4　5+6　7+8　9+12　16+14　死　死者　信頼と感謝　葬儀　四旬2B

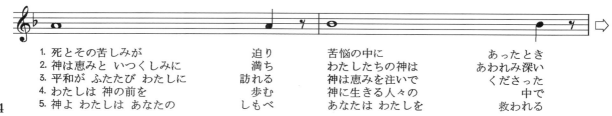

1. 死とその苦しみが　　　　　　迫り　　　苦悩の中に　　　　あったとき
2. 神は恵みと いつくしみに　　　満ち　　　わたしたちの神は　あわれみ深い
3. 平和が ふたたび わたしに　　 訪れる　　神は恵みを注いで　くださった
4. わたしは 神の前を　　　　　　歩む　　　神に生きる人々の　中で
5. 神よ わたしは あなたの　　　しもべ　　あなたは わたしを　救われる

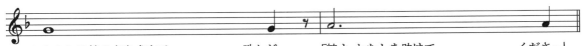

1. わたしは神の名を求めて　　　　　叫んだ　「神よ　わたしを助けて　　　　　　くださぃ」
2. 神は素朴な人の　　　　　　　　　支え　　苦しむ人を力づけて　　　　　　　　くださる
3. 神は わたしを死から救って涙を　　ぬぐい　足がつまずかないように　　　　　　支えられた
4. 神が与えてくださった すべての　　恵みに　わたしは どのように　　　　　　こたえようか
5. すべての民の前に　　　　　　　　進み出て　神に立てた誓いを　　　　　　　　果たそう

85 神を ほめたたえよ (3)
(週日用)

CL TS 7

交唱

日	神を	ほめたたえよ	イスラエルの神は民を訪れて	あがなわれた
月	神は力強い	救い主を	ダビデの家に	立てられた
火	神は 預言者によって語られた	ように	契約を心に	留められる
水	神は先祖アブラハムに誓われた	とおり	わたしたちを	救われた
木	幼子よ おまえも 神の預言者と	呼ばれ	主の前を歩み その道を	整えられる
金	神の深い あわれみに	より	夜明けの太陽は わたしたちに	臨むむ
土	神はやみと 死の陰にある人を	照らし	わたしたちの歩みを平和に	導かれる

ルカ 1・68〜79＋栄

1.	神をほめたたえよ イスラエルの	神を	神は民を訪れて	あがない
2.	神は昔 預言者によって語られた	ように	わたしたちに逆らう者 恨みをいだく者の	手から
3.	神は先祖アブラハムに約束された	とおり	逆らう者から わたしたちを	救われた
4.	幼子よ おまえも神の預言者と	呼ばれ	主の前を歩み わたしたちを	整え
5.	神の深いあわれみ	により	夜明けの太陽は わたしたちに	のぞみ

1.	わたしたちのために力強い	救い主を	しもべダビデの家に	立てられた
2.	わたしたちを救い祖先を	あわれみ	とうとい契約を心に	留められた
3.	生涯をきよく正しく平和に	おくり	神に仕えることができる	ように
4.	罪のゆるしによる救いを その民に	知らせる	すべては神のあわれみの	こころによる
5.	やみと死の陰にある人を	照らし	わたしたちの歩みを平和に	みちびく
(栄唱)	栄光は父と子と	聖霊に	初めのように 今も いつも世々に	アーメン (交唱)

87 きょうこそ神が造られた日

詩編118・1+2　16+17　22+23　答24　救いのわざ　主の復活　神のいつくしみの主日　復活4 B　洗礼式

答唱 きょうこそかみがつくられた日 よろこびうたえこの日をともに

1. イスラエルよ　　　　叫べ　神のいつくしみは　　絶えることがな　　　　い に
2. わたしは死なず わたしは 生きる　神のわざを　　　告げるため
3. これは 神の　　　　　わ ざ　人の目には　　　不思議な　　　　　こ と

88 きょう わたしたちのために

詩編 96・1+2a 2b+3 11+12 13 主の降誕 神の栄光の賛美

89〜90 心静かに わたしは いこう

240
C L
A T

Andante sostenuto

答唱 こころしずかに わたしは いこう かみよあ

89 詩編 4・2 3+4 5+6 7 8+9　回心 信頼 寝る前の祈り
90 詩編 27・1 4 7+8 13+14　　信頼 希望

89
1. 正しさを守って　　　くださるか　　み　　　　　わたしの　　　　　さけびに　　　　答え
2. 人よ いつまで　　　こころを　　閉ざし　　　　むなしいことを追い　みせかけを　　求めるのか
3. 神をおそれ　　　　　罪を　　　犯すな　　　　床の上で静かに　　　こころを　　調べよ
4. 多くの人は　　　　　たずね　　る　　　　　　わたしたちによいものをしめすのは　　だれか
5. あなたが わたしの心に あたえてくださる 喜びは　小麦とぶどうの　　豊かな実りにまさるもの

90
1. 神はわたしの　　　ひかり　　わたしの救い　わたしは　　　　だれも　　恐れない
2. わたしは神に
　　一つのことを　ねがい求めて　いる　　生涯　　　神の家を　　すまいとし
3. 神よわたしの声を聞き
　　わたしをあわれみ　答えてください　わたしの　　こころは　　ささやく
4. 神に生きる　　　ひとびとの　中で　　わたしは神の　うつくしさを仰ぎ見る

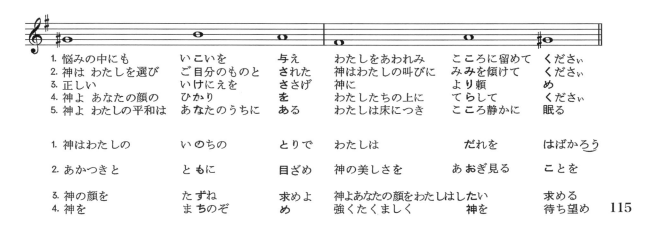

92 心に偽りを もたぬ人

詩編32・2 3 5abcd 5ef 7b 回心 罪のゆるし 四旬節

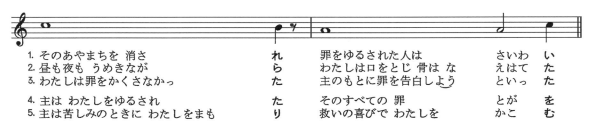

93～4 心を尽くして神をたたえ

CL 322
TS 323

♩=69くらい

答唱 こころをつくしてかみをたたえ すべてのめぐみをこころにとめよう

93 詩編 103・3+4　6+7　8+13　11+12　15a+16b+14　17c+18+19　20+21　答1+2　恵みとゆるし
94 詩編 105・1+2　3b+4+5　6+7+8a+10b　39+40　41+42　43+44　感謝と賛美 神と神の民

93
1. 神は わたしの罪を　　　　　ゆるし　　　痛みを　　　　　　　　　　　　　　いやされる
2. 神は正義のわざを　　　　　　行い　　　　しいたげられている人を　　　　　　守られる
3. 神は恵み豊かに あわれみ　　深く　　　　怒るにおそく いつくしみ　　　　　深い
4. 天が地より高い　　　　　　　ように　　　いつくしみは神を おそれる人の　　上にある

5. 人の日々は　　　　　　　　　草のよう　　その場所を尋ねても だれも　　　　知らない
6. 神の正義は子孫に　　　　　　及び　　　　契約を守る人 さとしを心に留めて行う者に 及ぶ
7. 神の使いよ 神を　　　　　　たたえよ　　みことばを聞き これを行う者よ 神を たたえよ

94
1. 神に感謝して その名を　　　たたえよ　　諸国の民に神のわざを　　　　　　　告げ知らせよ
2. 神をさがし求める者よ心から　喜べ　　　　神にその力を求め いつもその顔を　慕い求めよ
3. 神のしもべ 選ばれた　　　　者よ　　　　神のさばきは世界に　　　　　　　　及ぶ

4. 神は雲をひろげて かれらを おおい　　　夜には火の柱で　　　　　　　　　　照らされた
5. 神が岩を開かれると水がほとばしり　　　 川となってさばくを　　　　　　　　流れた
6. 神は民を喜びのうちに導き出された　　　 選ばれた民の叫びの　　　　　　　　うちに

答唱 こころをつくしてかみをたたえ すべてのめぐみをこころにとめよう

正義といつくしみ 感謝と賛美 奉納の歌 四旬３Ｃ み心Ａ 年間７ＡＣ ８Ｂ ２４Ａ
救いの歴史 奉納の歌 拝領の歌

1. わたしのいのちを危機から　　　　　　救い　　　いつくしみ深く　　　　　　　　　祝福される
2. 神は その道をモーセに　　　　　　　示し　　　そのわざをイスラエルの子らに　　告げられた
3. 父が子どもを いつくしむ　　　　　　ように　　神の愛は 神をおそれる人の　　　上にある
4. 東と西が果てしなく遠い　　　　　　　ように　　神は わたしたちを罪から　　　　引き離される

5. 主は わたしたちの姿を　　　　　　　知り　　　ちりにすぎないことを心に　　　　留められる
6. 神は その座を天に　　　　　　　　　すえられ　その力は すべてのものに　　　　　　　　及ぶ
7. 天にあるものよ 神を　　　　　　　　たたえよ　み旨を行うしもべたちよ 神を　　たたえよ

1. 賛美の歌を神に　　　　　　　　　　　歌い　　　そのすべての不思議なわざを　　　　　　語れ
2. 神が行われた不思議なわざを 思い起こせ　　　　救いのしるしとさばきの　　　　　ことばを
3. 神は契約を とこしえに　　　　　　　守られる　イスラエルのための永遠の　　　　　　契やく

4. 民の願いに うずらを　　　　　　　　もたらし　天からのパンで かれらを　　　　　養われた
5. 神はしもべアブラハムへの　　　　　　約束を　　心に留めて　　　　　　　　　　　おられた
6. かれらに諸国の民の土地を　　　　　　与えられ　労苦の実りを かれらが　　　　　受けついだ

119

95 心を尽くして

詩編146・5+6ab 6c+7 8+9ab　神のいつくしみ 神への賛美 拝領の歌

待降3A 年間4A 23B 26C 32B

96 この水を受けた

詩編 42・2 3a+5bd 5c+6cd 洗礼式 洗礼記念

1. 谷川の水を　　　　も　とめて　　　　あえぎさまよう しかの　　よ　う　に
2. わたしの心はあなたを　も　とめ　　　　神のいのちを あこ　　が　れ　る
3. 感謝と賛美の声を　　　あ　わせて　　　神に希望　　　　　　を　お　き

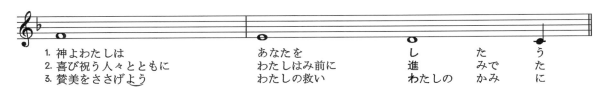

97 このパンを食べ

168
392

答唱 このパンを たべ このさかずきを のみ わたしは主の死をつげしらせる

詩編116（後半）・12+13　15+16b　17+18　聖木曜日　主の晩さん　感謝の典礼　奉納の歌　拝領の歌　聖体B

1. 神が 与えてくださった すべての恵みに　　どのように　　こたえようか
2. 神を敬う人の死は　　　　　　　　　　　　神の前に　　　とうとい
3. わたしは 感謝の いけにえを ささげ　　　　神の名を　　　呼び求めよう

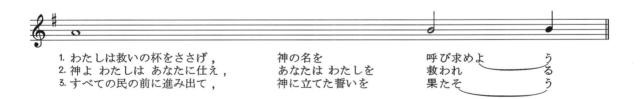

1. わたしは救いの杯をささげ， 神の名を 呼び求めよ　　　う
2. 神よ わたしは あなたに仕え， あなたは わたしを 救われ　　　る
3. すべての民の前に進み出て， 神に立てた誓いを 果たそ　　　う

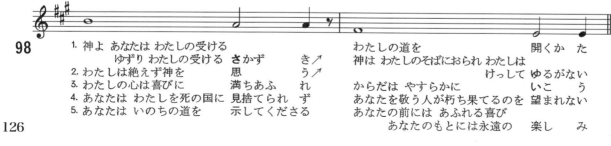

99 詩編112·1 2a+3b 4 6　　　神に従う人　祝福　家庭　年間5A　ラウレンチオ

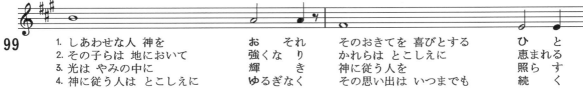

1. 神のおきてを　　喜びと　し　　昼も夜も教えを心に　　留 めるひ と
2. 葉も しおれることのない　　よう に　　この人の行いも　　実 をむす ぶ
3. かれらは さばきに　　耐えられ　ず　　罪びとは神に従う人のつどいに　　は いれな い
4. 神に逆らう者の　　みちは　　滅びへと　　つ づ く

1. それは とがなく歩み 正義をおこな　い　　心から まことを　　か たるひ と

2. 神を捨てた者を戒め
　　　神をおそれる者を とうと ぶ↗　　このように ふるまう人は
　　　　　　　　　　　　　　　　とこしえに ゆらぐこ とがな い

129

102〜3 しあわせな人 (2)

74
86 改
368

102 詩編 84・2+3 4 6+7 8+9 10+11ab 11cd+12 巡礼 奉納の歌 叙階式 誓願式 ラテラン教会献堂
103 詩編 128・2+3ab 3cd+5+6a 答1 結婚 家庭 聖家族 年間27 B 33 A 結婚式

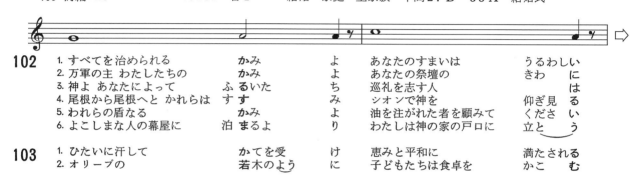

102
1. すべてを治められる　　　　　　かみ　　　　よ　あなたのすまいは　　　　うるわしい
2. 万軍の主 わたしたちの　　　　　かみ　　　　よ　あなたの祭壇の　　　　　きわ　　には
3. 神よ あなたによって　　　　　　ふ るいた　　ち　巡礼を志す人　　　　　　は
4. 尾根から尾根へと かれらは　　　す　す　　　み　シオンで神を　　　　　　仰ぎ見 る
5. われらの盾なる　　　　　　　　かみ　　　　より　油を注がれた者を顧みて　くださ い
6. よこしまな人の幕屋に　　　　　泊 まるよ　　り　わたしは神の家の戸口に　立と　　う

103
1. ひたいに汗して　　　　　　　　かてを受　　け　恵みと平和に　　　　　　満たされる
2. オリーブの　　　　　　　　　　若木のよう　に　子どもたちは食卓を　　　かこ　　む

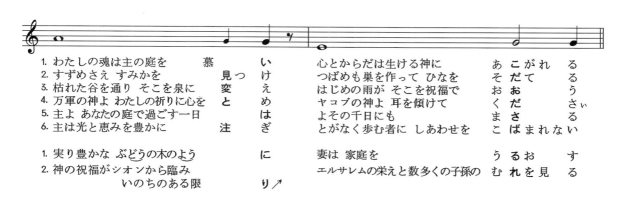

104〜6 シオンよ喜べ

答唱 シオンよ よろこべ エルサレム ようたえ

104 ゼカリヤ9・9〜10　神の支配と平和　再臨　待降節　入祭の歌　奉納の歌　枝の行列　王・キリスト

105 詩編68・2a+4　8+9　10+11　20+21　27+33　34b+35a+36b　勝利の歌　神の支配　救いの力　年間22C

106 詩編149・1+2　3+4　5+6a+9b　神の民のつどい　勝利と喜び　神の栄光と賛美　復活節　入祭の歌　奉納の歌

104
1. かれは正しい　　　　　　　　　かた　　　勝利を　　　　　　　　得られる
2. かれは戦いを　　　　　　止めさせい　　　国々の民に平和を　　　告げられる
3. その日神は人々を　　　　　　救い　　　　羊のように　　　　　　養われる

105
1. 神は力を　　　　　　　　　　　現しち　　はむかう者を　　　　　散らされる
2. 神よ あなたが民に　　　　　　先立ちて　　荒れ野を進まれた　　　　　とき
3. 神よ あなたは豊かに　雨を降らせ　　荒れ果てた国を新たに　　された
4. 日毎に重荷を になわれる　　か　み　　わたしたちの救いである神に　賛美
5. ともにつどい神を　　　　たたえ　よ　　　イスラエルのつどいで神を　たたえよ
6. 神の声を　　　　　　　　　　　聞け　　　力にみなぎる声　　　　　を

106
1. 新しい歌を神に　　　　　　　歌いめ　　　民のつどいで神を賛美　　しよう
2. 舞をささげて神の名を　　　　ほめ　　　　鼓と琴に合わせて神を　　たたえよう
3. 栄光をあびて神の民は　　　　喜び　　　　神に仕え高らかに　　　　うたう

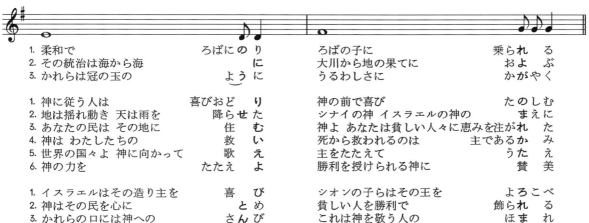

107~8 主とともに

答唱 主とともに　はたらくわれら　は　主とともに　そのみのりをあじわう

107　詩編 126・1＋2　4＋5　6＋3　神の助け　信頼　喜び　奉納の歌　待降2C　四旬5C　年間30B　日本26聖人　ヤコブ
108　詩編 127・1　2　3＋4　神の助け　祝福　家族　奉納の歌

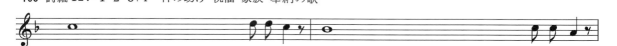

107
1. 神が捕われ人をシオンに戻された　と　き　　わたしたちは夢を見ている　　思いがし　た
2. 雨のあとにネゲブの河が流れを取り戻すよ　う　に　神よ わたしたちに栄えを戻して　　くださ　い
3. 種を手に涙を流して出て行く　　ひ　と　は　　束をかかえ 喜びにあふれて　　帰ってく　る

108
1. 神によって建てられるので　　なけ れ ば　　家を建てる人の骨折りは　　むな し い
2. 眠っている　　あいだ も　　神によって養われているので　　なけ れ ば
3. 子どもたちは神の　　たまも の　　生まれる子は神からの　　しゅくふく

1. わたしたちの顔は　　ほほえ み　　口には喜びの歌　　がうかんだ
2. 涙のうちに種まく　　ひと は　　喜びのうち　　にかりとる
3. 神は わたしたちに偉大なわざを おこなわれ　　わたしたちは喜び　　にあふれた

1. 神によって守られるので　　なけれ ば　　町を守る人の警戒　　はむなしい
2. 朝早くから 夜おそく　　ま で　　労苦してパンのために働くの　　はむなしい
3. 若い時に生まれた　　こども は　　勇士の手にある矢　　のよう

109 主に近づいて

詩編100・1+2 3 4 5 栄　神の民の喜び　感謝　入祭の歌　奉納の歌　年間11Ａ

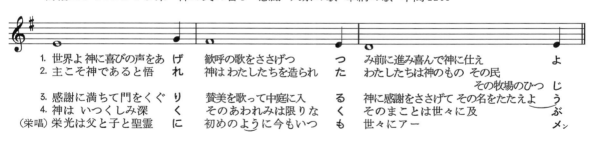

110 主の いつくしみを

詩編 89・3+6　9+12+13a　14+15　神のいつくしみ 真理と正義 賛美と信仰告白

1. 神のいつくしみは変わること　な　　　　く　そのまことは天に　　　　　もとづ　　　く
   大空は神の不思議なわざを　　ほめたた　え　天のつどいは主のまことを　　さん　びする (答唱)

2. すべてを治める神　あなたの力は　たぐいな　　く　そのまことは主を　　　　とりかこ　　む
   天と地　世界とそこにあるものは　主　　のもの　あなたはその基をすえ 北と南を　さだめられ　た (答唱)

3. 主の腕は力に　　　　　　　　　みなぎ　　　り　その手は強く 右の手は　　たかくあがる
   正義と公平は あなたの国の　　もと　　　い　いつくしみとまことは あなたの前をあ ゆ　　　む (答唱)

111 主は 来られる

詩編85・2+3+4　8+9　10+11+12　13+14+8　回心　救い　刷新　再臨　平和　待降節　入祭の歌　奉納の歌
待降2B　年間15B　19A

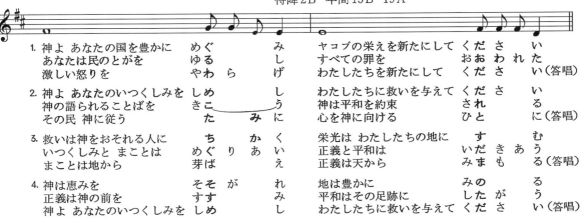

112　主は のぼられた

詩編 47・2＋3　6＋7　8＋9　答 6 a　宇宙の王　奉納の歌　主の昇天

1. すべての民よ 手を　／　打ち鳴らし　／　神に喜びの叫びを　／　あげ　よ
2. 主は喜びの叫びの　／　うち に　／　角笛の響きと ともに　／　のぼられ た
3. まことに神は　／　世界のおう　／　力の限り　／　ほめ歌 え

138

113〜4 主は豊かな あがないに満ち

121改
386
C L
T S

答唱　主は豊かな あがないに　　　満ち　　　いつくしみ　　　深い

113 詩編 17・1+2 3+5 6+7 13ab+15　神のさばき　正義　四旬節　入祭の歌　年間32C
114 詩編 32・5abef 7 8 10+11　回心　罪のゆるし　四旬節　入祭の歌　年間6B 11C

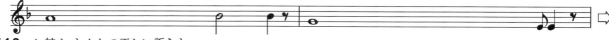

113
1. 神よ わたしの正しい訴えと　叫びに心を　留　め　　いつわりのない祈りに耳を　　傾けてくださ　い
2. あなたは夜 わたしを訪れ心を　ためされ　る　　あなたが火でためされても　　逆らう思いはな　い
3. 神よ あなたに叫ぶ わたしに　こた　え　　耳を傾けて願いを　　　　　　聞いてくださ　い
4. 神よ 力を　　　　　　　　　現　し　　かれらに　　　　　　　　　　立ち向かってくださ　い

114
1. わたしは罪を あなたに　　　表　し　　わたしのとがを隠さずに　　　　　　　　言　う
2. あなたは わたしの　　　　　隠れ　場　　苦しみから わたしを　　　　　　助け出　し
3. 神は　　　　　　　　　　　仰せにな　る　　「わたしは おまえに教え 行くべき道を　示そ　う
4. 神に逆らう者は 嘆きに　　　包ま　れ　　神に信頼する人は 恵みに　　　　　おおわれ　る

115~7 主は豊かな あがないに満ち

115 詩編 69・14 17+18 19+30 31+33 34+35 36abc+37a　救いの恵み 希望と喜び 四旬節 拝領の歌
116 詩編 123・1+2ad　栄　　信頼 希望 年間14 B
117 詩編 130・1+2 3+4 5+6 7a+8　回心 信頼 希望 四旬節 入祭の歌 拝領の歌 四旬5 A 年間10 B

年間１２Ａ　１５Ｃ

1. あなたの豊かな　いつくしみに　　　　よっ　て　　あなたの救いの約束に　　　　　　　　　　　よっ　て
2. あなたの顔をしもべに　　　　　　　　隠さ　ず　　悩むわたしに　すぐに　　　　　答えてくださ　　い
3. わたしは貧しく　　　　　　　　　　悩んでいる　神よ　わたしを救い　　　　　守ってくださ　　い
4. 苦しむ人は　これを見て　　　　　　喜　　べ　　神を求める人は心に喜びを　　　　　　受け　　よ
5. 天と地は　神を　　　　　　　　　　たたえ　よ　海とその中に生きるすべての　　　　　もの　　も
6. 神の民が　そこに　　　　　　　　　住　　み　　子孫はそれを　　　　　　　受け継　　ぐ

1. 主人の手に目を注ぐ　しもべの　　　よう　　に　そのあわれみを　わたしたちは　　　待　　つ
(栄唱) 今も　　　　　　　　　　　　　いつ　　も　世々に　　　　　　　　　　　アー　　メン

1. 嘆き祈る　わたしの　　　　　　　　声　　を　　聞いてくださ　　い
2. しかし　あなたのゆるしの　　　　　ため　　に　人は　あなたをおそれ　とうと　ぶ
3. 夜明けを待ちわびる人にも　　　　　まし　て　　わたしの心は主を待ち望　　む
4. 主は　すべての　　　　　　　　　　罪か　ら　　イスラエルを救われ　　る

118 主は豊かな あがないに満ち (2)

87 改

CL
KM

♩ = 80 くらい

詩編130・1+2 3+4 5+6 7+8　回心 信頼 希望 四旬節 入祭の歌 拝領の歌 四旬5A 年間10B

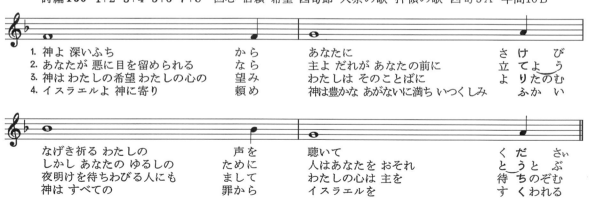

1. 神よ 深いふち　　　　　　　　　　から　　あなたに　　　　　　　　　　さ け び
2. あなたが 悪に目を留められる　　　　なら　　主よ だれが あなたの前に　　立 て よう
3. 神は わたしの希望 わたしの心の　　望み　　わたしは そのことばに　　　　よ りたのむ
4. イスラエルよ 神に寄り　　　　　　　頼め　　神は豊かな あがないに満ち いつくしみ　ふかい

なげき祈る わたしの　　　　　　　声を　　聴いて　　　　　　　　　　く だ さい
しかし あなたの ゆるしの　　　　　ために　人はあなたを おそれ　　　と うとぶ
夜明けを待ちわびる人にも　　　　　まして　わたしの心は 主を　　　　待 ちのぞむ
神は すべての　　　　　　　　　　罪から　イスラエルを　　　　　　す くわれる

144

119 主は わたしの光

詩編 27・1cd 4ab 6cd 7 9ab 13 14　　答 1ab　神への信頼 希望 四旬2C 年間3A

122 主よ あなたの愛は

詩編 **138**・1　2ab　2cd　4　5　6　7ab　8ab　8d　　答 8c　　神の愛　賛美　感謝　年間 5 C　17 C　21 A　三大天使
拝領の歌

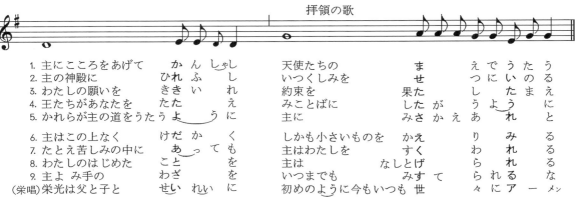

123 主は われらの牧者

答唱 主は われらのぼくーしゃ わたしはとぼしいことがない

詩編 23・2+3 4 5 6　よい牧者　奉納の歌　拝領の歌　復活節　食前・食後　四旬4A
　　　　　　　　　　　復活4A　　　み心C　　王・キリストA　　年間16B　28A　ペトロ使徒座

1. 神は わたしを緑のまきばに　　伏させ　　　いこいの水辺に　　　　伴われる
2. たとえ死の陰の谷を　　　　　　歩んでも　　わたしは わざわいを　恐れない
3. あなたは はむかう者の　　　　　前で　　　わたしのために会食を　ととのえ
4. 神の恵みと　　　　　　　いつくしみに　　　生涯　　　　　　　　　伴われ

答唱 主 は われらの ぼく ーしゃ わたしはとぼしいこ と がない

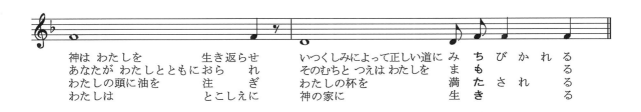

神は わたしを　　　　　生き返らせ　　いつくしみによって正しい道に み **ち び** か れ る
あなたが わたしとともにおら　　れ　　そのむちと つえは わたしを ま **も** た さ れ る
わたしの頭に油を　　　　注　　ぎ　　わたしの杯を　　　　　　満 **た** さ れ　　　る
わたしは　　　　　とこしえに　　神の家に　　　　　　生 **き**　　　　　　る

149

124〜5　主よ あなたは 永遠のことば

124　詩編 19（後半）・8 9 10 12　神のことば　復活徹夜　四旬 3 B　年間 3 C　26 B
125　詩編 119・57+72　111+124　127+129　160+162　神のことば　すばらしい宝　年間 17 A

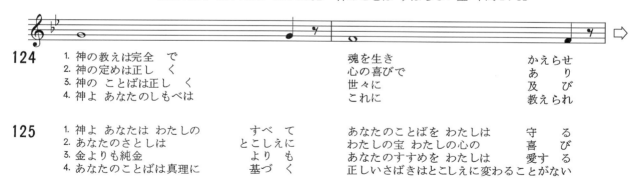

答唱 主 よ　　あなたは え い えんの　いのちの　こと － －ば

126 主よ来りたまえ

詩編 141・1　2　8　9　　信頼　晩の祈り　待降節　入祭の歌　奉納の歌

127 主を おそれる者に

詩編 85・2+3 7+8 9 10 11 12+13a+14b 答 10a 救いの約束 ゆるしと平和 待降節 拝領の歌

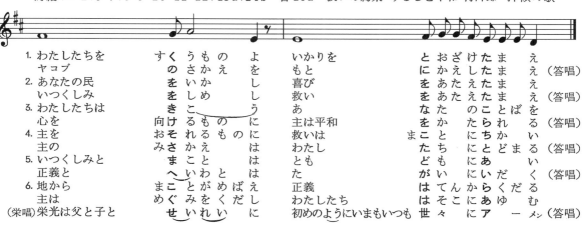

129 主を仰ぎ見て

48
364

詩編 91・2+4ab 11+12b+10 14+15　信頼　神の導き　保護　四旬節 拝領の歌　四旬1C　洗礼志願式

156

59 神のわざを思い起こそう

130〜1　主を たたえよう

答唱　主を たたえよう － 主は いつくしみふかく その あわれみは えい － え－ん

130　詩編66・1+2+4　5+9　7+8　16+17　19+20　賛美の歌　復活6A　年間14C
131　詩編67・2+3　4+5　6+8a+7　祝福の歌　年始祝詞　神の母　復活6C　年間20A

130

1. すべての人よ 神に向かって 喜びの声を　あげ　よ↗　神の栄えを ほめ歌い　その栄光を　さんびせ　よ
2. 神のわざを　　　仰ぎ見　よ　人々に行われた　おそるべき　わざ　を
3. 神は力を現して とこしえに　おさ　め　諸国に目を注ぎ　逆らう者を高ぶらせ　な　い
4. 神をおそれる者は 耳を　傾け　よ　神のわざを語ろう　わたしの上に行われたこと　を
5. 神は わたしを　受け入れ　て　祈りに心を 留められ　た

131

1. 神よ あわれみと祝福を　わたしたちに　あなたの顔の光を　わたしたちの上に 照らしてくだ　さぃ
2. 諸国の民は あなたを　たたえ　よ　すべての民は あなたを　さんびせ　よ
3. 諸国の民は あなたを　たたえ　よ　すべての民は あなたを　さんびせ　よ

答唱 主 を たたえよう － 主 は いつくしみふかく その あわれみは えい － え ー ん

1. すべての人は あなたを　　　　　　伏しおがみ　　み名をたたえて　喜び歌　　　　　う
2. 神は わたしたちに いのちを　　　　あた　　え　　足をゆるぎなく 支えられ　　　　る
3. すべての民よ わたしたちの神を　　たた　　え　　賛美の歌を　　　響かせ　　　　　よ
4. わたしは神の名を　　　　　　　　呼びもとめ　　賛美の歌が口に　あふれ　　　　　る
5. 神を　　　　　　　　　　　　　　たたえよう　　神は祈りを退けず 恵みを
　　　　　　　　　　　　　　　　　　　　　　　　　　　　　　拒まれな　　　　　　い

1. あなたのわざが世界に　　　　　　知ら　　れ　　救いがすべての国に　　知られるように
2. すべての国は　　　　　　　　　　喜びうた　え　　あなたは民を正しくさばき
　　　　　　　　　　　　　　　　　　　　　　　　　　諸国の民を　みちびかれ　る
3. 地の果てに至るまで 神を　　おそれうやま　え　　「地は豊かに実り 神は
　　　　　　　　　　　　　　　　　　　　　　　　　わたしたちをしゅくふくされ　た」

132~5 主を たたえよう

5改
88
360
374

132 詩編117・1+2　栄　賛美への招き　宣教　年間9Ｃ　21Ｃ　パウロ回心　トマ
133 詩編136・3+4+5+6　16+23+25+26　答1　感謝　賛美　奉納の歌　拝領の歌
134 詩編138・1+2ab　4+5+7d　8　感謝の歌　奉納の歌　拝領の歌　復活節　年間5Ｃ　17Ｃ　21Ａ　三大天使
135 詩編147（後半）・12+13　14+15　16+17　18+19　20+12　神のわざの賛美　聖体Ａ　復活節　奉納の歌

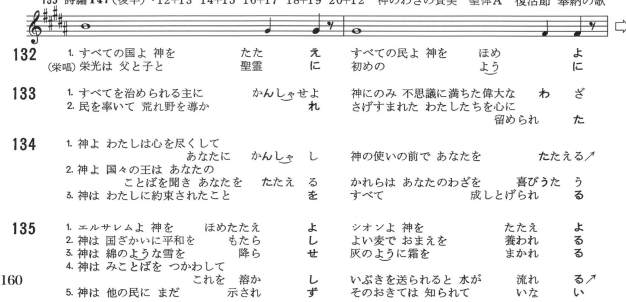

132
1. すべての国よ　神を　　　　たた　　え　　すべての民よ　神を　　　ほめ　　　　よ
(栄唱) 栄光は 父と子と　　　　　　聖霊　　に　　初めの　　　　　　　よう　　　　に

133
1. すべてを治められる主に　　　かんしゃせよ　　神にのみ 不思議に満ちた 偉大な　わ　　ざ
2. 民を率いて 荒れ野を導か　　　　　　　　　れ　　さげすまれた わたしたちを心に
　　　　　　　　　　　　　　　　　　　　　　　　　　　　　　　　　　　　　留められ　　た

134
1. 神よ わたしは心を尽くして
　　　　　　　　　　　あなたに　かんしゃ　し　　神の使いの前で あなたを　　　たたえる↗
2. 神よ 国々の王は あなたの
　　　　ことばを聞き あなたを　たたえ　る　　かれらは あなたのわざを　喜びうた　う
3. 神は わたしに約束されたこと　　　　　　を　　すべて　　　　　　　成しとげられ　る

135
1. エルサレムよ 神を　　ほめたたえ　　よ　　シオンよ 神を　　　　　たたえ　　よる
2. 神は 国ざかいに平和を　　もたら　　し　　よい麦で おまえを　　　養われ　　る
3. 神は 綿のような雪を　　　降ら　　　せ　　灰のように霜を　　　　まかれ　　る
4. 神は みことばを つかわして
　　　　　　　　　　これを 溶か　　し　　いぶきを送られると 水が　　流れ　　る↗
5. 神は 他の民に まだ　　　示され　　ず　　そのおきては 知られて　いな　　い

160

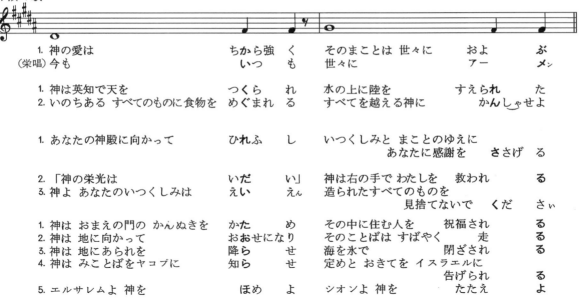

136 すべての王は

答唱 すべてのおうは あなたのまえに ひざをかがめ すべてのくには あなたにつかえる

詩編 72・2+4 7+8 10+11 12+13 答 11 神の顕現 待降 2 A 主の公現

1. 主は正義に満ちて民を　　　　治　め　　まことをもって苦しむ人を心にかけて　くださる
2. 主が治められる世には正義が　　栄　え　　月のある限り平和が　　　　　　　　続　く
3. タルシスと島々の王は　　　　贈り物を　　シバとセバの王は みつぎを　　　　納　める
4. 主は助けを求める名もない　　人　と　　見捨てられた人を　　　　　　　　　救われる

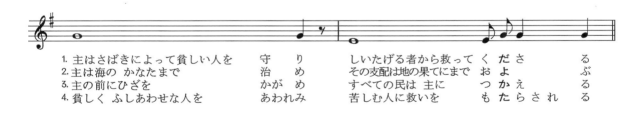

1. 主はさばきによって貧しい人を　守　り　しいたげる者から救って　く　だ　さ　　　る
2. 主は海の　かなたまで　　　　　　治　　め　その支配は地の果てにまで　お　よ　　　　　ぶ
3. 主の前にひざを　　　　　　　　　かが　め　すべての民は　主に　　つ　か　え　　　　　る
4. 貧しく ふしあわせな人を　　　　　あわれみ　苦しむ人に救いを　　　も　た　ら　され　る

137~8 すべての人の救いを

112改
378
C L
T S

答唱 すべてのひとの すくいをねがい わたしはあなたをまちのぞむ

137 詩編25・4+5a 8+9 10+14　信頼 希望 待降節 入祭の歌 待降1C 四旬1B 年間3B 26A 洗礼志願式
138 詩編86・5+6 9+10 15+16　神の恵み いつくしみ 待降節 奉納の歌 年間16A

137
1. 神よ あなたの道を　　　　　　示　し　　その小道を教えて　　　　　　　　　く だ さぃ
2. 神は あわれみ深く 正義に　　　満　ち　　罪びとに道を　　　　　　　　　　示される
3. 契約と さとしを守る　　　　　　人　に　　神への小道は いつくしみと まことにあふれる

138
1. 神よ あなたは恵み深く 心のひろい　か　た　　あなたに助けを求める人に
　　　　　　　　　　　　　　　　　　　　　　　　　　　　いつくしみを　注がれる
2. 神よ あなたに造られた諸国の民は　み　な　　み前に進み ひれ伏して あなたの名をたたえる
3. 神よ あなたは あわれみに満ち　　　　　　　怒るにおそく いつくしみと まことに
　　　　　　　　　恵み深い　か　た↗　　　　　　　　　　　　　　　あふれて おられる

164

答唱 すべてのひとの すくいをねがい わたしはあなたをまちのぞむ

1. あなたの真理の うちに わたしを導き さとして ください
2. 神は貧しい人を正義に 導き へりくだる人に その道を 教えられる
3. 神をおそれる人に 神は心を 開き 契約を示し さとされる

1. 神よ わたしの祈りを 聞き 願いの声に耳を 傾けてください
2. あなたは偉大 不思議なわざを 行われる かた あなたのほかに 神はない
3. あなたのしもべに 力を 授け あなたに仕える者を 救ってください

165

139 すべての人の救いを (2)

詩編 25・4 5a 8 9 10 14　信頼　希望　回心　四旬節　入祭の歌　待降1C　四旬1B　年間3B　26A

1. 神よ あなたの道を　　　　しめ　　し　　　その小道を　　　　教えてくださぃ
2. 真理の　　　　　　　　　　うち　　に　　　わたしを教え　　　導いてくださぃ
3. 神は あわれみ深く　　　　正義に満ち　　　罪びとに道を　　　示され　　　る
4. 神は貧しい人を正義に　　　みちび　　き　　謙虚な人に その道を　授けられ　る
5. 契約と さとしを守る人に 神への こみち　　は　　いつくしみと まことに あふれ　　　る
6. 神をおそれる人に神は　　　こころを開き　　契約を示し　　　　さとされ　　る

140 全世界に行って

141〜2　たてエルサレム　124🈯

CL
MS

答唱　たて エル サ レ ム　　　み よ よろ こ び を

141　詩編 67・2＋3　4＋5　7＋8　神の祝福　恵まれた民　マリアと教会　奉納の歌　復活節
142　詩編 147・12＋13　14＋15　16＋17　18＋19　神の恵み　喜び　教会　献堂　入祭の歌

141
1. 神よ あわれみと祝福を　　　わたしたちに　　あなたの顔の光を　　　照らしてください
2. 諸国の民はあなたを　　　　　たた　え　　　　すべての民はあなたを　　賛美せよ
3. 地は豊かに　　　　　　　　　みの　り　　　　神はわたしたちを　　　　祝福された

142
1. エルサレムよ 神を　　　　　　　　ほめ よ　　シオンよ 神を　　　　　　たたえよ
2. 神は 国ざかいに平和を　　　　　　もたらし　　よい麦で おまえを　　　　養われる
3. 神は 綿のような雪を　　　　　　　降ら せ　　灰のように霜を　　　　　　まかれる
4. 神は みことばを つかわして これを 溶か し　　いぶきを送られると 水が　　流れ る
5. 神は 他の民に まだ　　　　　　　示されず　　そのおきては 知られて　　いない

168

かみからくだる　　　　よろこびをみよ

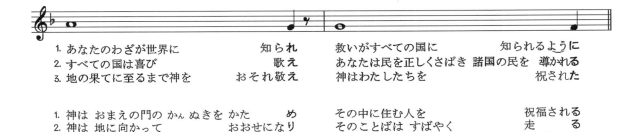

1. あなたのわざが世界に　　　知られ　　救いがすべての国に　　　知られる<u>よ</u>うに
2. すべての国は喜び　　　　　歌え　　　あなたは民を正しくさばき 諸国の民を　導か**れる**
3. 地の果てに至るまで神を　おそれ敬え　神はわたしたちを　　　　　　祝され**た**

1. 神は おまえの門の かんぬきを かた**め**　　その中に住む人を　　　　　祝福され**る**
2. 神は 地に向かって　　　おおせになり　　そのことばは すばやく　　　　走　**る**
3. 神は 地にあられを　　　降ら**せ**　　　海を氷で　　　　　　　　　閉ざされ**る**
4. 神は みことばをヤコブに 知ら**せ**　　　定めと おきてを イスラエルに 告げられ**る**
5. エルサレムよ 神を　　　ほめ**よ**　　　シオンよ 神を　　　　　　　たたえ **よ**

169

143 たて琴を かなで

144 谷川の水を求めて

CLTS

詩編 42・3+4　5　6　　答 2　　回心　洗礼　復活徹夜　入祭の歌　奉納の歌

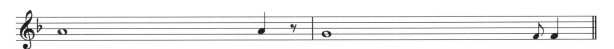

3. わたしは日夜神を　　　問われ　て　　　明け暮れ涙を食物と　　　　　　　する (答唱)
5. 感謝と賛美の歌声の　　　中　を　　　わたしはみ前に　　　　すすみで　た (答唱)
8. 賛美の祭りを　　　　ささげよう　　わたしの救いわたしの　　　　か み に (答唱)

145~6　父よ あなたこそ わたしの神

145 詩編 31・2+6　12+13　15+16　24+25　嘆願　信頼　主の受難　聖金曜日　ステファノ
146 詩編 71・1a+2+3a　3b+4a+5a+6b　15+16　嘆願　救い　希望　年間4 C

147 天は神の栄光を語り

詩編 19（前半）・2+3 4+5 6+7 答2 神の栄光 賛美 啓示 顕現 入祭の歌 降誕節 復活節 フィリポ

1. 天は神の栄光を　　　語り　　　大空は み手のわざを　　　告げる
2. ことばでもなく 話でも　　　なく　　　その声も　　　聞えないが
3. 太陽は花婿のように すまいを　　出て　　　勇士のように その道を喜び　　　走る

ヤコブ マタイ シモン ユダ アンデレ

148〜9 遠く地の果てまで

148 詩編96・1+2 3+4 7+8 11+12 9+13 宇宙の創造主 降誕節 入祭の歌 拝領の歌 降誕徹夜 年間2C
149 詩編98・1 2+3a 4+5 6+7b+8b 答3b 救い主への賛美 降誕節 入祭の歌 奉納の歌 拝領の歌 降誕日中

答唱 とおく地のはてまで すべてのものが かみのすくいを見た

29A ザビエル 献堂式 祝福式
復活6B 年間28C 33C 無原罪 日本の信徒発見の聖母

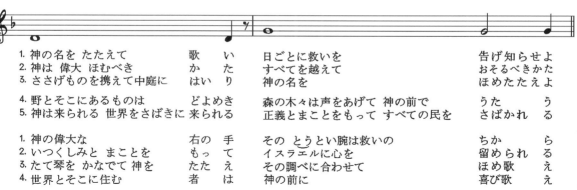

1. 神の名を たたえて　　　　歌　い　　日ごとに救いを　　　　　　　告げ知らせよ
2. 神は 偉大 ほむべき　　　　か　た　り　すべてを越えて　　　　　　　おそるべきかた
3. ささげものを携えて中庭に　はい　り　神の名を　　　　　　　　　　ほめたたえよ

4. 野とそこにあるものは　　　どよめき　森の木々は声をあげて 神の前で　うた　う
5. 神は来られる 世界をさばきに 来られる　正義とまことをもって すべての民を　さばかれ　る

1. 神の偉大な　　　　　　　　右の　手　その とうとい腕は救いの　　　ちか　ら
2. いつくしみと まことを　　　もっ　て　イスラエルに心を　　　　　　留められ　る
3. たて琴を かなでて 神を　　たた　え　その調べに合わせて　　　　　ほめ歌　え
4. 世界とそこに住む　　　　　者　は　　神の前に　　　　　　　　　　喜び歌　え

150~51　遠く地の果てまで (2)

119㊗
384
CL
MK

150　詩編96・1+2 3+4 7+8 11+12 9+13　宇宙の創造主　降誕節　降誕徹夜　年間2C 29A　ザビエル
151　詩編98・1 2+3a 4+5 6+7b+8b 答3b　救い主への賛美　降誕節　入祭の歌　奉納の歌　拝領の歌

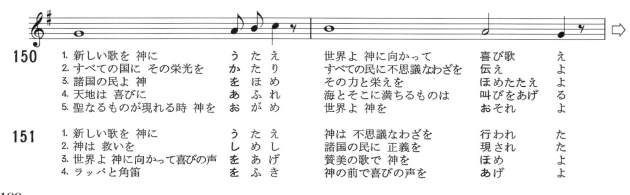

献堂式 祝福式
降誕日中 復活6B 年間28C 33C 無原罪 日本の信徒発見の聖母

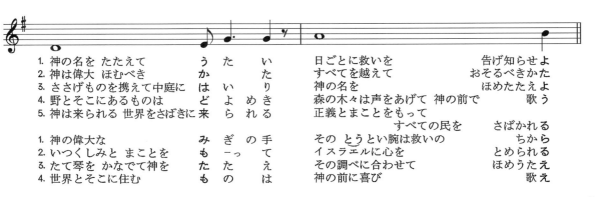

1. 神の名を たたえて　　　　う　た　い　　　日ごとに救いを　　　　　告げ知らせよ
2. 神は偉大 ほむべき　　　　か　　　た　り　　　すべてを越えて　　　　おそるべきかた
3. ささげものを携えて中庭に　は　　　い　り　　　神の名を　　　　　　ほめたたえよ
4. 野とそこにあるものは　　　ど　よ　め　き　　　森の木々は声をあげて 神の前で　歌う
5. 神は来られる 世界をさばきに来　ら　　　れ　る　　　正義とまことをもって
　　　　　　　　　　　　　　　　　　　　　　　　すべての民を　　　さばかれる

1. 神の偉大な　　　　　　　み　　　ぎ　の　手　　　その とうとい腕は救いの　　ちから
2. いつくしみと まことを　　も　-　っ　て　　　イスラエルに心を　　　　　とめられる
3. たて琴を かなでて神を　　た　た　　　え　　　その調べに合わせて　　　　ほめうたえ
4. 世界とそこに住む　　　　も　　　の　　は　　　神の前に喜び　　　　　　歌え

152 とこしえに

詩編148・1b+2a+3+5b+6 7+8a+9a+10a+6 11+12+13 聖母の祝日

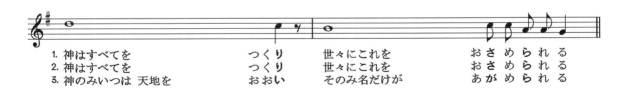

153 流れの ほとりの木のように

詩編 1・1ac+2 3 4+5　答 3ab　神に従う人　神への誠実　信頼　入祭の歌　年間 6 C

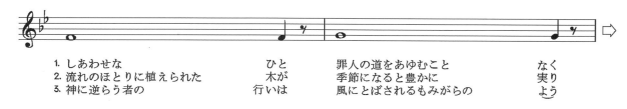

154 涙のうちに種まく人は

詩編 **126**・1+2ab 2cd+3 4+6　答 5　帰還　収穫　労苦の実り　感謝の喜び　奉納の歌
待降2C　四旬5C　年間30B　日本26聖人　ヤコブ

1. 神が とらわれ人をシオンに もどされた　とき　　わたしたちは夢を見ている　思いがし た
2. 国々の民も叫んで　　　　　　　　　　　　言った　「神はかれらに偉大なわざを　行われた」と
3. 雨のあとにネゲブの川が流れを とりもどす ように　神よ わたしたちに栄えを もどしてくだ さい

1. わたしたちの顔は　　　　　ほほえみ　　口には喜びの歌が　　　　　浮かんだ
2. 神は わたしたちに偉大なわざを　行われ　わたしたちは喜びに　　　あふれた
3. 種を手に涙を流して出て行く　人は　　　束をかかえ喜びにあふれて　帰ってくる

155 めざめよエルサレム

イザヤ書 60・2+3 4+5ab 5cd+6   答1   主の顕現 栄光の現れ 公現 降誕節後半

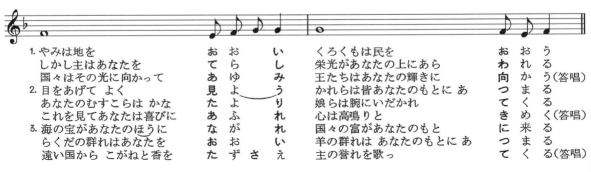

156〜7　　　めぐみのパン　　　　78国

CL
MS

答唱　めぐみの　パンは　われらをみたし

156　詩編 103・1+2　3+4　6+7　8+13　15+16+14　17c+18+19　20+21　答 1+2　神のわざ　賛美　拝領の歌
157　詩編 145・15+16　17+18　19+20a+21b　食前・食後の感謝　拝領の歌　復活節

156
1. 心を尽くして神を　　　　　たたえ　　すべてをあげて とうといその名を　　ほめ歌おう
2. 神は わたしの罪を　　　　　ゆるし　　痛みを　　　　　　　　　　　　　　いやされる
3. 神は正義のわざを　　　　　　行い　　しいたげられている人を　　　　　　守られる

4. 天が地より高い　　　　　　ように　　いつくしみは神をおそれる人の　　　うえにある
5. 父が子どもを いつくしむ　　ように　　神の愛は神をおそれる人の　　　　　うえにある
6. 神の使いよ 神を　　　　　　たたえよ　みことばを聞き これを行う者よ 神を　たたえよ

157
1. 神を待ち望むすべての　　　　ものに　　いのちのかてを豊かに　　　　　　恵まれる
2. 神の行われることは すべて　　正しく　　そのわざは いつくしみに　　　　満ちている
3. 神をおそれる人の願いを　　　聞きいれ　その叫びを聞いて　　　　　　　　助けられる

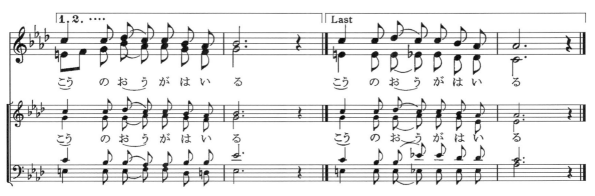

主の奉献 諸聖人　　159 詩編110・1+2　3+4　5+6　7+栄　王であるキリスト　復活節 拝領の歌 聖体C

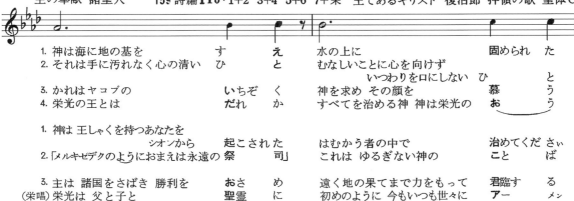

1. 神は海に地の基を　　　　　す　　え　　水の上に　　　　　　　　　固められ　た
2. それは手に汚れなく心の清い　ひ　　と　　むなしいことに心を向けず
　　　　　　　　　　　　　　　　　　　　　いつわりを口にしない　ひ　　　　とう
3. かれはヤコブの　　　　　　いちぞ　く　　神を求め その顔を　　　　　慕　　　とう
4. 栄光の王とは　　　　　　　だれ　　か　　すべてを治める神 神は栄光の　お　　う

1. 神は 王しゃくを持つあなたを
　　　　　　　　　シオンから　起こされた　はむかう者の中で　　　　治めてくだ さぃ
2.「メルキゼデクのようにおまえは永遠の 祭　　司」　これは ゆるぎない神の　こと　　ば

3. 主は 諸国をさばき 勝利を　おさ　　め　　遠く地の果てまで力をもって　君臨す　る
(栄唱) 栄光は 父と子と　　　　聖霊　　に　　初めのように 今もいつも世々に　アー　メン

191

160 門よ かまちを上げよ

詩編 24・1+2 3+4 5 6 8+10   答 7   栄光の王 勝利の王 キリストの到来 待降節 入祭の歌 枝の行列
待降 4 A 主の奉献 諸聖人

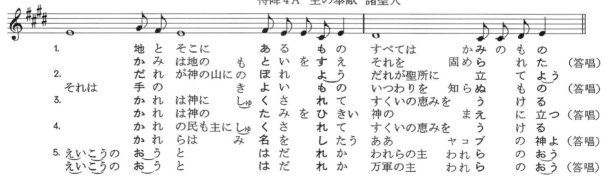

161 喜びの聖なる油

答唱 よろこびの せいなるあぶら かみはあなたに そ そがれる

詩編 45・2+3 4+5 8+10ɔ 16+17+18　油注がれた者　堅信　叙階　献堂式

1. う　るわしいことばに高なる心　　　　で　わたしは王にうた　　を　さ　さ　げ　る
　 も　の書く筆のはずみのよ　　　　　　う に　ことばは口　　　　に　な た　が　れ　で る
　 ひ　との子らのうちもっとも美し　　　　いて　気品はあなたの口もとに　た だ に　よ　う（答唱）
2. こ　しにおおしくつるぎを帯　　　　　 びて　えい光の輝き　　を　身 に　ま と　い
　 にゅう和に　真理と正義のため　　　　 に り　その右の手はあなた　を　あ ら　わ　す（答唱）
　 と　こしえに神の恵みは王にとどま　　　り　こう平に　悪を憎み義を　あ い　さ　れ る（答唱）

3. ひ　とよりあなたを豊かに恵　　　　　 み　あぶらをあなた　　に　そ そ　が　れ　る
　 う　つくしい王妃は金銀を着飾　　　　 り　あなたの右　　　　に　立 た　れ　め い る
　 あ　なたのうるわしさを王妃は慕　　　 い て　ひれふしてあなたを主と　あ い　が　め る（答唱）
4. よ　ろこびと楽しみに導か　　　　　　 れて き　ひとびとは王の　宮 でん　に く　と な　る
　 ち　ちははの席にはその子らがつ　　　　　　やがて全地で王のいちぞ　く と　な　ら る
　 こ　うしてあなたの名は代々にあがめら　れ　終わりなく　世々　に　た た え　ら れ る（答唱）

162 喜び歌え 神に叫びを あげよ

詩編 81・3+4　5+6　7+8ab　9+10　12+13　14+17　　救いのわざの記念祭儀　神の民の契約更新　奉納の歌

答唱2は2番のあとから用いる

拝領の歌　待降節　年間9B

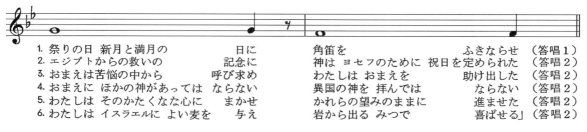

1. 祭りの日 新月と満月の　　　　日に　　　角笛を　　　　　　　　ふきならせ　（答唱1）
2. エジプトからの救いの　　　　記念に　　神は ヨセフのために 祝日を定められた　（答唱2）
3. おまえは苦悩の中から　　　　呼び求め　わたしは おまえを　　　助け出した　（答唱2）
4. おまえに ほかの神があっては ならない　異国の神を 拝んでは　　　ならない　（答唱2）
5. わたしは そのかたくなな心に まかせ　　かれらの望みのままに　　進ませた　（答唱2）
6. わたしは イスラエルに よい麦を 与え　岩から出る みつで　　　　喜ばせる」（答唱2）

163 よろこびに

CL
KM

詩編 **122**・1+2　3+4ab　4cd+5　6+7　8+9　招かれた民　巡礼　入祭の歌　待降1A　王・キリストC

1.「神の家に行こう」と　　　　　言われて　　　わたしの心は 喜びに　　　　はずんだ
2. しげく連なる町　　　　　　　エルサレム　　すべての民の　　　　　　　みやこ
3. イスラエルの おきてに　　　　従い　　　　　神に感謝を ささげる　　　ために

4. 平和を祈ろう エルサレムの　　ために　　　「エルサレムを愛する者に　へいわ
5. わたしの兄弟 わたしの友の　　ために　　　「エルサレムに　　　　　　へいわ」

164～6 喜びに心を はずませ

CL
TS

答唱 よーろこびーに こーころをはずませ すくいのいずみから みずをくーむ

164 イザヤ12・2 4 5 6 答3 救い 喜び 復活節 奉納の歌 拝領の歌 待降3C 復活徹夜 み心B マリア訪問
165 イザヤ35・1a+2a 2d 4ab 4cd 5+6ab 6cd+7ab 10cd 喜びの泉 拝領の歌 降誕節 奉納の歌

164
1. 神は わたしの救い わたしは信頼して　　恐　　れない　　　神は わたしの力 わたしの歌　　わたしの救い
2. 神をたたえ その名を　　　　　　　　　　呼ぼ　　　う　　　神のわざを すべての民に伝え
　　　　　　　　　　　　　　　　　　　　　　　　　　　　　　　その名の誉れを 語りつげよう
3. 神は不思議なわざを　　　　　　　　　　なしとげられた　　神をほめ歌い そのわざを世界に のべ伝えよう
4. イスラエルの聖なるかたは おまえたちの中で 偉だ　　　い　　シオンに住む者は声をあげて　　喜び歌　え

165
1. 砂漠と荒地はうるおいに　　　　　　　　満　　　ち　　　　荒れ野は喜びの声をあげて　　　歌　　　う
2. かれらは神の栄光を　　　　　　　　　　仰　　　ぎ　　　　わたしたちの神の輝きを　　　　見　　　る
3. 恐れおののく者に　　　　　　　　　　　告げ　　よ　　　　「勇気を出し 恐れては　　　　ならな　い」
4. あなたがたの神は悪をさばき 善に　　　　むく　　い　　　　あなたがたを救いに　　　　　　こられ　る
5. 見えない目は開かれ 聞こえない耳は　　　あけられ　る　　　足のなえた人は走り
　　　　　　　　　　　　　　　　　　　　　　　　　　　　　　口のきけない人は　　　　　　喜び歌　う
6. 荒れ野に水が湧き出て 砂漠に川が　　　　流れ　　る　　　　焼けた土地は池となり
　　　　　　　　　　　　　　　　　　　　　　　　　　　　　　かわいた地面を水が　　　　　うるお　す
7. 楽しみと喜びが かれらに　　　　　　　　あふ　　れ　　　　悲しみと嘆きは　　　　　　　　消え去　る

答唱 よーろこびーに こーころをはずませ すくいのいずみから みずをくーむ

166 詩編 37・3 4 5a+6b 7a+9b 17b+18b　神に従う人　奉納の歌　拝領の歌

166
1. 神により頼み よいわざに　　　はげ　み　　約束の地をすまいとし 真実を　かてとせ　よ
2. 神のうちにあって　　　　　　よろこ　べ　　神は その人の心の願いを　　かなえられ　る
3. 歩む道を 神に　　　　　　　ゆだね　よ　　神は 正しさを ま昼のように　明らかにされる
4. 心を静め 耐え忍び 神を　　　待ちのぞ　め　　神に希望をおく人は 地を　　受け継　ぐ
5. 神に従う人は 神に　　　　　ささえられる　　かれらのゆずりは いつまでも　続　く

167 わがこころ喜びに

116改
CL382
TY

答唱 わがこころ よろこびに みちあふれ 主をまちのぞむ

詩編 63・2 3+4 5+6 7+8 9+12a　信頼 希望 感謝　拝領の歌　年間12C 22A 32A マリア(マグダラ)

1. 神よ わたしの神よ わたしは　あなたを 慕　う　　水のない荒れ果てた土地の　よう　に
2. あなたの力と栄えに　　　　　あこがれて　　　聖所で あなたを　　　　　仰ぎ見　る
3. いのちのある限り あなたに　感謝　し　　手を高く上げて あなたの名を　呼び求める
4. 床の中で あなたを　　思い起こし　　夜どおし あなたのことを　思　う
5. わたしの心は あなたに　頼　り　　あなたの右の手は わたしを　支え　る

1. わたしの心は あなたを　　　　し　た　い　　からだは あなたを　　か　わき　もとめ　る
2. あなたの恵みは いのちに　　　ま　さ　り　　わたしの口は あなたを　　た　た　え　る
3. もてなしを受けた時のように　心は豊か に な り 　口には よろこびの　う　たが のぼ　る
4. あなたは わたしの　　　　　　た　す　け　　あなたの翼のかげに わたしは　か　く　れ　る
5. 神のうちにあって　　　よ　ろ　こ　び　　神に誓いを立てる者は　し　あ　わ　せ

168 わが子よ

詩編 2・7+8a 8b+9 10+11　答 7b　降誕 王であるキリスト

170 わたしたちは魚のよう

こどもとともに　　　　　　　　　　　　　　　　　　　　122

ST
ST

答唱　わたしたちはさかなのよう　　かみさまのあいのなかでおよぐ

1. かみさまを　　　　　　　　　さんびしよう　　そのあいはえいえん
　かみさまはうちゅうを　　　つくられた　　　そのあいはえいえん（答唱）
2. かみさまはたいようを　　　つくられた　　　そのあいはえいえん
　かみさまはつきとほしを　　つくられた　　　そのあいはえいえん（答唱）
3. かみさまはやまとうみを　　つくられた　　　そのあいはえいえん
　かみさまはもりとおがわを　つくられた　　　そのあいはえいえん（答唱）
4. かみさまはとりとけものを　つくられた　　　そのあいはえいえん
　かみさまはわたしたちを　　つくられた　　　そのあいはえいえん（答唱）
5. かみさまはみんなにたべものを　くだされる　そのあいはえいえん
　かみさまを　　　　　　　　さんびしよう　　そのあいはえいえん（答唱）

答唱 わたしたちは かみのたみ そのまきばの むれ

172 詩編 **100**・1+2 3ab 4 5 栄 神の民 礼拝集会 入祭の歌 奉納の歌 復活4C 年間11A
王・キリストC

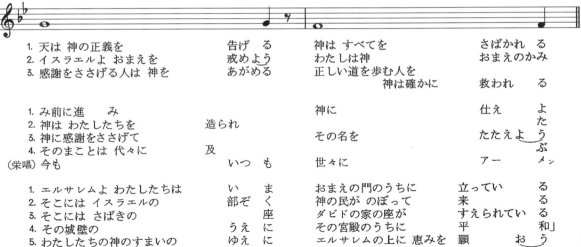

1. 天は 神の正義を　　　　告げ　る　　神は すべてを　　　　さばかれ　る
2. イスラエルよ おまえを　戒めよう　　わたしは神　　　　　　おまえのかみ
3. 感謝をささげる人は 神を　あがめる　正しい道を歩む人を
　　　　　　　　　　　　　　　　　　神は確かに　　　　　　救われ　る

1. み前に進　み　　　　　　　　　　神に　　　　　　　仕え　よ
2. 神は わたしたちを　　造られ　　　　　　　　　　　　　　た
3. 神に感謝をささげて　　　　　　　その名を　　　　　たたえよう
4. そのまことは 代々に　及
　　　　　　　　　　　　いつ　も　　世々に　　　　　　アー　　ぶ
(栄唱) 今も　　　　　　　　　　　　　　　　　　　　　　　　メン

1. エルサレムよ わたしたちは　　い　ま　　おまえの門のうちに　立ってい　る
2. そこには イスラエルの　　　　部ぞ く　　神の民が のぼって　来　　　　る
3. そこには さばきの　　　　　　　　座　　　ダビデの家の座が　すえられてい る
4. その城壁の　　　　　　　　　　うえ に　　その宮殿のうちに　平　　　　和」
5. わたしたちの神のすまいの　　　ゆえ に　　エルサレムの上に 恵みを 願 おう

205

174 わたしたちは神の民 (2)

詩編100・1+2 3 4 5 　神の民　入祭の歌

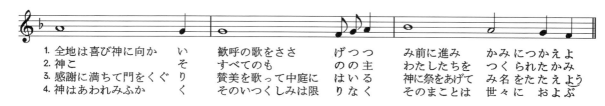

175 わたしは神に寄り頼む

答唱 わたし は かみ に　よりたのみ　そのみことばを　たたえよう

詩編 56・2+3 4+10 14　　答 5a　　試練 信頼 救い　四旬節　入祭の歌

1. 神よ あわれみを注いで　　　くだ さぃ　わたしは昼も夜も　　　　しいたげられ
2. 恐れに とらえられる　　　　　と き　わたしは あなたに　　　　　寄り頼む
3. あなたは わたしの魂を　　　死から　足を つまずきから救って　　くださった

1. はむかう者が いつも わたしにおそいかか　り　逆らう者は あとを　　た た　な　　い
2. わたしは あなたに助けを　　　　　求め　神がともにおられることを知るよう に な　　る
3. わたしが いのちの光の　　　　　　中を　神に向かって　　　　すす め る よう に

176 わたしの神

答唱 わ たしのかみ わ たしのかみ ど うしてわたしをみ すてられるの か

詩編22（前半）・8+9　17+18　19+20　23+24　答2ab　神のしもべの苦しみ 主の受難 枝の主日

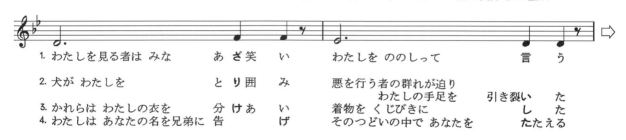

1. わたしを見る者は みな　　あ ざ笑 い　　わたしを ののしって　　　言　う
2. 犬が わたしを　　　　　　と り囲 み　　悪を行う者の群れが迫り
　　　　　　　　　　　　　　　　　　　　　わたしの手足を　引き裂い　た
3. かれらは わたしの衣を　　分 けあ い　　着物を くじびきに　　　　し　た
4. わたしは あなたの名を兄弟に 告　　げ　そのつどいの中で あなたを　たたえる

1. 「かれは 神を頼みとした　　　　　神が かれを心にかけているのなら
　　　　神が 救いに　　来ればよい　　　　　　　　　救い出せば　　よ　　い」

2. わたしは さらしものに　　　　さ　　れ　　かれらは わたしを　　　　　　見つめ　る
3. 神よ わたしから遠く　　　　　はなれ　ず　　急いで助けに　　　　　　　　来てください
4. 神をおそれる者は 神をたたえ
　　　　ヤコブの子孫は みな神を　ほめ　　よ　　イスラエルの子孫は みな神を　おそれ　よ

177 わたしの心は神のうちに喜ぶ

詩編 **105**・1+2 3+4 5+7 6+8a+10b 8b+9+10a 42+43　救いの恵み 感謝と賛美 神の民
　　　　　　　　　　　　　　　　　　　　　　　　　　　　奉納の歌 拝領の歌

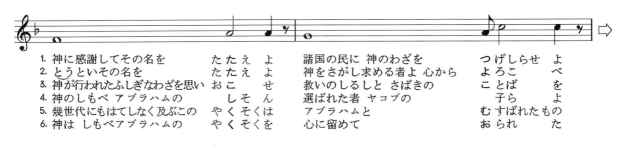

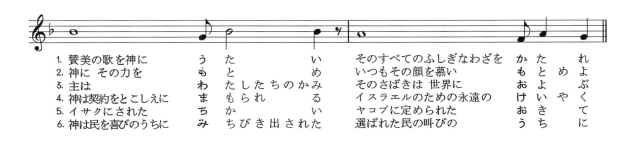

178 わたしは 神を あがめ
(マグニフィカト)

142 改

CL TS

交唱

日 わたしは神を あが / め / 神の救いに 喜び / お ど る
月 神は わたしを顧みら / れ / いつの代の人もわたしをしあわせな者と 呼 ぶ
火 力ある神は わたし / に / 偉大なわざを / おこなわれた
水 神のあわれみは代 / 々 / 神をおそれ敬う人の / う え に
木 神は権力をふるう者を その座から おろし / 見捨てられた人を / た かめられる
金 飢えに苦しむ人は よいもので満たさ / れ / おごり暮らす者は むなしくなってか え - る
土 神は いつくしみを忘れることな / く / しもべイスラエルを / た すけられる

ルカ 1・46〜55 ＋栄

1. わたしは　　　　　　　　　　　　　　　神を　　　　　　あ が め
2. 神は 卑しい はしためを　　　　　　　　かえり　　　　　み ら れ
3. 神は わたしに　　　　　　　　　　　　偉大なわざを行　わ れ た

4. 神は　　　　　　　　　　　　　　　　その力を　　　　あ ら わ し
5. 権力をふるう者を　　　　　　　　　　その座から　　　お ろ し し
6. 飢えに苦しむ人は　　　　　　　　　　よいもので　　　み た さ れ

7. 神は いつくしみを忘れることなく しもべイスラエルを　助け　ら れ た
(栄唱)栄光は　　　　　　　　　　　　　　父と子と　　　　せ い れ い に

212

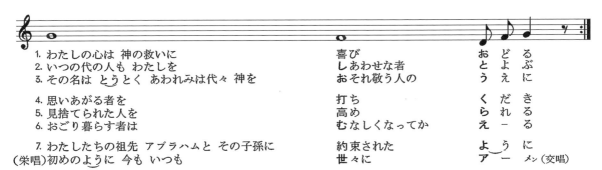

1. わたしの心は 神の救いに　　　　　　　喜び　　　　　　おどるよ
　　　　　　　　　　　　　　　　　　　　　　　　　　とよぶに
2. いつの代の人も わたしを　　　　　　　しあわせな者　　とえぶに
3. その名は とうとく あわれみは代々 神を　おそれ敬う人の　うえに

4. 思いあがる者を　　　　　　　　　　　　打ち　　　　　　くだきる
5. 見捨てられた人を　　　　　　　　　　　高め　　　　　　だれる
6. おごり暮らす者は　　　　　　　　　　　むなしくなってか　え－る

7. わたしたちの祖先 アブラハムと その子孫に　約束された　　　ように
(栄唱) 初めのように 今も いつも　　　　　　世々に　　　　　ア－メン (交唱)

213

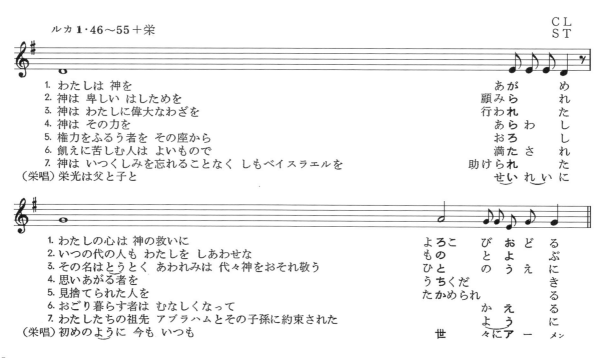

183　われらはシオンで神を　たたえ

CL
YT

答唱　わ　れ　ら　は　シ　ー　オ　ン　で　か　み　を　た　た　え　　　ゆ

詩編 65・3+4　5　6　10　13+14　　答2　救いの喜び　神の恵みの賛美
　　　　　　　　　　　　　　　　入祭の歌　奉納の歌　拝領の歌　年間15 A

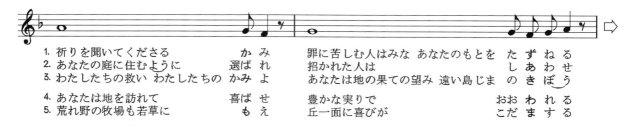

1. 祈りを聞いてくださる　　　　　　　　　か　み　　罪に苦しむ人はみな　あなたのもとを　た　ず　ね　る
2. あなたの庭に住むように　　　　　　　選ば　れ　　招かれた人は　　　　　　　　　　　　し　あ　わ　せ
3. わたしたちの救い　わたしたちの　か　み　よ　　あなたは地の果ての望み　遠い島じま　の　き　ぼ　う

4. あなたは地を訪れて　　　　　　　　　喜ば　せ　　豊かな実りで　　　　　　　　　　　　お　お　わ　れ　る
5. 荒れ野の牧場も若草に　　　　　　　　も　え　　丘一面に喜びが　　　　　　　　　　　こ　だ　ま　す　る

たかなめぐみーを よろこびうたう

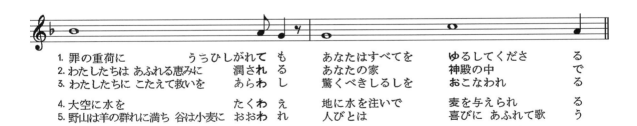

1. 罪の重荷に うちひしがれて も あなたはすべてを ゆるしてくださ る
2. わたしたちは あふれる恵みに 潤され る あなたの家 神殿の中 でる
3. わたしたちに こたえて救いを あらわ し 驚くべきしるしを おこなわれ でる

4. 大空に水を たくわ え 地に水を注いで 麦を与えられ る
5. 野山は羊の群れに満ち 谷は小麦に おおわ れ 人びとは 喜びに あふれて歌 う

219

184 わたしは静かに神を待つ

詩編 62・3+6b 8+9a　答2　希望 信頼 平和　晩の祈り 待降節 奉納の歌 年間8A

第2編

歌 ミ サ の 式 次 第

単声　201
多声　202

(三)を用いた場合、あわれみの賛歌を省く。

信仰宣言 「ニケア・コンスタンチノープル信条」または「使徒信条」(512 ページ以下参照)。

共同祈願

感謝の典礼

奉納の歌

227

奉献文

(三)を用いた場合、あわれみの賛歌を省く。

信仰宣言　「ニケア・コンスタンチノープル信条」または「使徒信条」（512 ページ以下参照）。

共同祈願　201 の共同祈願参照

同声三部は伴奏があった方がよい。
最後の三つの小音符は、小人数の時は
うたわなくてもよい。

閉祭のあいさつ

復活の八日間と聖霊降臨に

243

第3編

ミ サ 曲

ミサ曲 1	203
2	207
3	211
4	215
5	218
6	222
7	226

203 ミサ曲 1　　　　　あわれみの賛歌

205 感謝の賛歌

ミサ曲 1

206 ミサ曲1　　　　平和の賛歌

207 ミサ曲 2 あわれみの賛歌

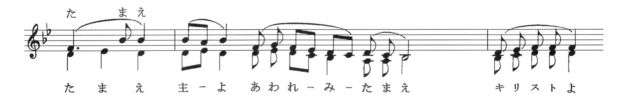

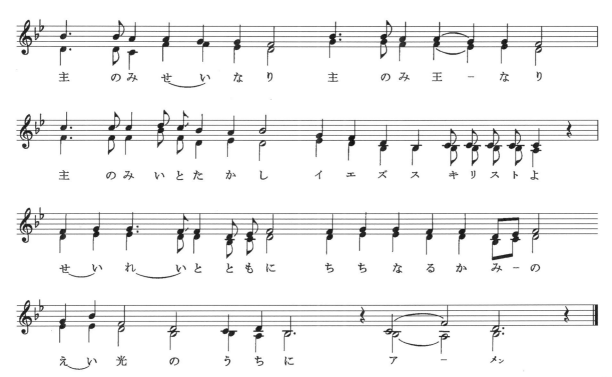

209 ミサ曲 2　　　　感謝の賛歌

211 あわれみの賛歌
ミサ曲 3

212 栄光の賛歌

ミサ曲 3

270

214 平和の賛歌

ミサ曲 3

215 ミサ曲 4　　あわれみの賛歌

218 ミサ曲 5 あわれみの賛歌

229

C L
M J

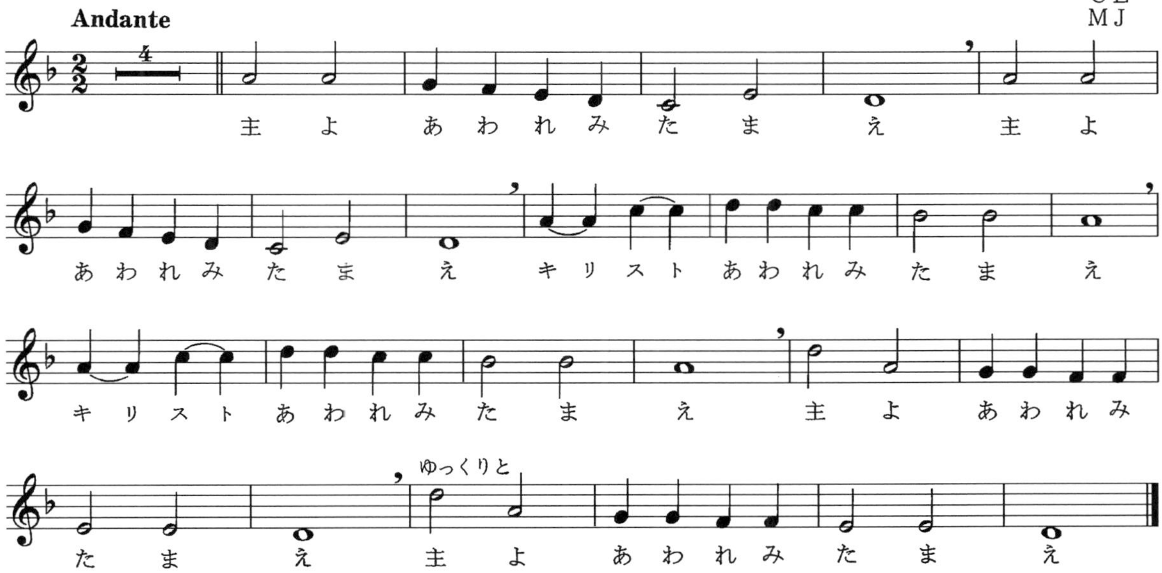
Andante
主 よ あ わ れ み た ま え 主 よ
あ わ れ み た ま え キ リ ス ト あ わ れ み た ま え
キ リ ス ト あ わ れ み た ま え 主 よ あ わ れ み
ゆっくりと
た ま え 主 よ あ わ れ み た ま え

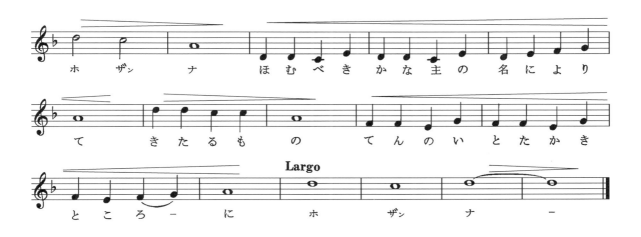

221 平和の賛歌

ミサ曲 5

222 ミサ曲 6　あわれみの賛歌

224 ミサ曲6 感謝の賛歌

226 　ミサ曲7　　　あわれみの賛歌

CL
SI

主　よ　―　―　あわ　れ　み　た　ま　え
（主　　よ）

キ　リ　スト　あ　わ　れ　み　た　ま　え

rit.

主　よ　―　―　あわれ　―　み　た　ま　え
（主　　よ）

229 ミサ曲 7　　平和の賛歌

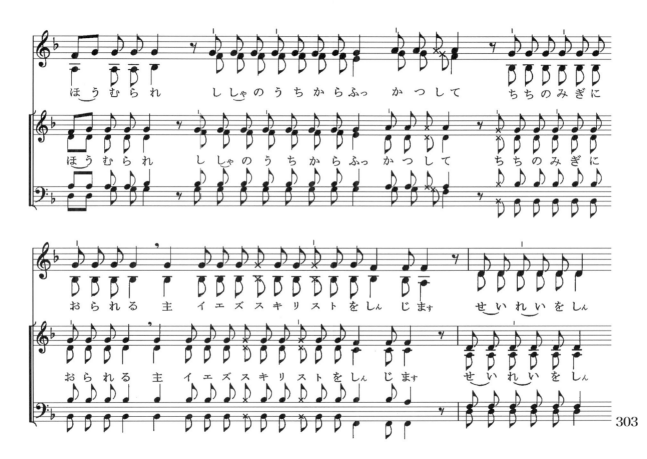

第 4 編

アレルヤ唱／詠唱

アレルヤ唱　255
詠　　　唱　260
第 2 シリーズ
　（ad libitum）　278

255 待降節アレルヤ唱
(12月16日まで)

第1主日	主よ あなたのいつくしみを　　示し
第2主日	主の道を備え その小道を　　整えよ
第3主日	神の霊は わたしの上に　　ある
週日 ①	主なる神よ み顔を　　示し
②	主よ あなたのいつくしみを　　示し
③	あなたは わたしたちを さばき おきてを　　与え
④	福音を伝える者は 声を　　高めよ
⑤	天は雨を降らし 雲は義人を　　降らせよ
⑥	見いだせるうちに主を　　尋ね

```
救いを お与え            ください              詩編 85・8
すべての人は神の救いを       見る                ルカ 3・4+6
貧しい人に福音を告げるため
           神はわたしを選ばれた              イザヤ 61・1

わたしたちを救いに来て     ください              詩編 80・4
救いを お与え            ください              詩編 85・8
支配される主なる           かみ                イザヤ 33・22

わたしたちの神は力強く     来られる              イザヤ 40・9+10
大地は開き 救い主が       生まれる              イザヤ 45・8
近くにおられる主に          願え                イザヤ 55・6
```

256 待降節アレルヤ唱
(12月16日まで)

週日	⑦	主の道を備え その小道を	整えよ
	⑧	主よ来て	くださぃ
	⑨	主は力強く	来られ
	⑩	主よ 平和をもって わたしたちを	訪れ
	⑪	王である主は地上に	来られ
	⑫	主の日は	近い
	⑬	主は	来られる
	⑭	主は その民を救いに	来られる
12月3日	聖フランシスコ・ザビエル	全世界に行き すべての人を	
			わたしの弟子にしなさぃ↗
12月8日	無原罪の聖マリア	喜びなさぃ 恵まれたかたマリア	
			主は あなたとともに

すべての人は神の救いを	見　る	ルカ 3・4+6
おくれずに あなたの民の悪事をとめて	くださ　い	
しもべの目を	開かれ　る	
あなたの喜びで満たして	くださ　い	
人の重荷を	除かれ　る	
主は わたしたちを救いに	来られ　る	
平和の王である主を	迎えよ　う	
用意して主を迎える者は	幸い	
わたしは世の終わりまで		
いつもあなたがたとともにいる		マタイ 28・19a+20b
あなたは女のうちで祝福された	かた	ルカ 1・28+42

309

257 待降節アレルヤ唱 (2)
（12月17日から24日まで）

アレルーヤ　アーレルーヤ

第4主日　A　B　C	おとめが みごもって わたしは	男の子を生 主の召使	み い
12月17日	すべてを越える神から出た英知 よ	あなたは果てから果てま	で
12月18日	イスラエルの 指導者である主よ	あなたは やぶの火の中で 　　　　　　　　モーセに現れ↗	
12月19日	民の旗印として立ったエッサイの切株	あなたによって諸国の王は 　　　　　　　　鳴りをひそめ↗	
12月20日	ダビドのかぎ 　　イスラエルの 家の王しゃく↗	あなたが開けば閉じる者	なく
12月21日	インマヌエル	わたしたちとともに おられる 王	
12月22日	諸国民の待望の　　　　　王	神と人とを一つに　　合わせる	
12月23日			
12月24日	さしのぼる　　　　　　朝日	永遠の光の	輝き

その名は「インマヌエル」と	呼ばれる	マタイ 1・23
おことばどおりに	なりますように	ルカ 1・38

すべてを力強くやさしく整えられる 賢明の道を教えに来てください

シナイでおきてを お与えに　なった 力をふるい わたしたちを
　　　　　　　　　　　　　　　　あがないに来てください

民は あなたに願い　　　　求める 時を早め わたしたちを
　　　　　　　　　　　　　　　救いに来てください

あなたが閉じれば開く者は　ない とらわれ人の鎖を断ち
　　　　　　　　　　　やみと 死の陰に座る人を
　　　　　　　　　　　　　救い出しに来てください

立法者 諸国の民の希望　救い主 わたしたちを助けに来てください

いしずえの　　　　　　　　石 あなたが土から造られた人を
　　　　　　　　　　　　　　　救いに来てください

あなたは正義の　　　　　太陽 日のあたらない陰に生き
　　　　　　　　　　やみにうもれている人を
　　　　　　　　　　　　照らしに来てください

258 降誕節アレルヤ唱
（主日・祝祭日用）

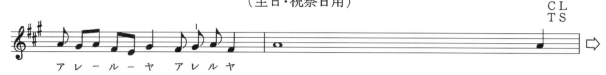

```
12月25日  主の降誕    前晩        あした 地上のやみが                    除かれ
                    夜半        大きな喜びを あなたがたに              告げ知らせよう
                    早朝        すべてを越える神に                       栄光
                    日中        偉大な光が きょう地上に下り
                                    聖なるこの日は わたしたちを照らした


          聖家族                  キリストの平和が わたしたちの心を        治め

12月26日  聖ステファノ殉教者       神の名によって来られるかたに            賛美
12月27日  聖ヨハネ使徒            あなたを神と ほめたたえ 万物の主と      あがめる
12月28日  幼な子殉教者            あなたを神と ほめたたえ 万物の主と      あがめる
12月29日  （2月2日に同じ）
 1 月 1 日  神の母                 神は昔 預言者を通して先祖に             語られたが


          主の公現                東の空に星を                             見て
          主の洗礼   および 1月6日  天が 開いて父の声が                      響いた

 2 月 2 日  主の奉献                異邦人を照らす                           光
```

アレルヤ アーレルヤ

わたしたちの上に世の救い主が	立　つ	
きょうわたしたちに救い主が	生まれた	ルカ 2・10+11
みこころに かなう人に	平　和	ルカ 2・14
諸国の民は来て主を	礼拝 せ よ	
キリストのことばが豊かに宿ります	ように	コロサイ 3・15a+16a
神は わたしたちを	照 らしてくださる	詩編 118・26a+27b
栄光を受けた使徒の群れも あなたをたたえて	歌　う	テ・デウム
けだかい殉教者の群れも あなたをたたえて	歌　う	テ・デウム
この終わりの時には ご自分の子を通して		
わたしたちに語られ た		ヘブライ 1・1+2
すべてをおいて神を拝みに	来　た	マタイ 2・2
「これは わたしの愛する子 かれに	聞　け」	マルコ 9・7参照
あなたの民イスラエルの	光　栄	ルカ 2・32

259 降誕節アレルヤ唱
(週日用)

公現祭前の週日	①	みことばは人となり わたしたちのうちに　お住みになった
	②	神は昔 預言者を通して先祖に　　　　　　　　語られたが
	③	偉大な光が きょう地上に下り
		聖なるこの日は　わたしたちを照らした
公現祭後の週日	①	くらやみに住む民は 偉大な光を　　　　　　　　　　仰ぎ
	②	イエズスは神の国の福音を　　　　　　　　　　告げ知らせ
	③	貧しい人に福音を とらわれ人に解放を　　　告げるため
	④	偉大な預言者が わたしたちのうちに　　　　　　　　現れ
	⑤	キリストは諸国の民に伝えられ 世の人々に 信じられ

```
                                                          ア レ ル ヤ   アー レ ル  ヤ
```

主を受け入れる人には神の子となる恵みが与えられ た　　　　　　　ヨハネ 1・14+12b
この終わりの時には　ご自分の子を通して
　　　　　　　　　　わたしたちに 語られ た　　　　　　　　　　　　ヘブライ 1・1+2

諸国の民は来て主を　　　　　　　　　　礼拝せ よ

死のかげに おおわれた人々に光が　　　現れ た　　　　　　　　　　　マタイ 4・16
民の病を　　　　　　　　　いやされ た　　　　　　　　　　　　　　マタイ 4・23
神は わたしを　　　　　　　送られ た　　　　　　　　　　　　　　ルカ 4・18
神は民を訪れて　　　　　　くださっ た　　　　　　　　　　　　　ルカ 7・16
栄光のうちに来られる　　　　か た　　　　　　　　　　　　　　　Ⅰテモテ 3・16

260 四旬節詠唱

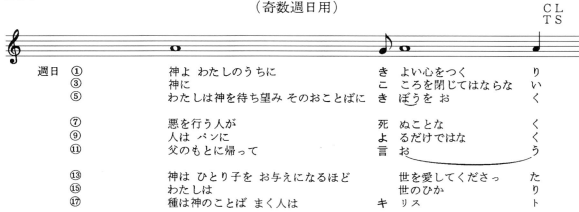

死者のためのミサには⑤と⑬を使うことができる。

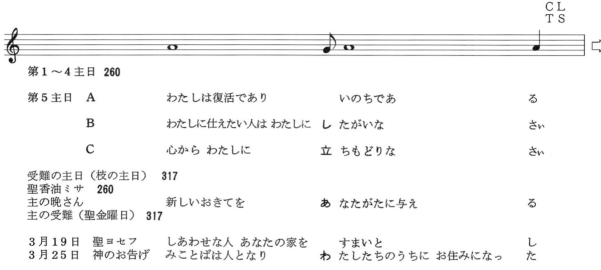

わたしを信じる人は	え いえんに死ぬことは	な い	ヨハネ 11・25a+26
わたしがいる所に	わ たしに仕える人	も いる	ヨハネ 12・26
わたしは いつくしみと恵みに あ ふれ		る か み	ヨエル 2・12+13

| 「互いに愛し合いなさい | わ たしが あなたがたを愛した | よう に」 | ヨハネ 13・34 |

| 絶えず あなたを | た たえる | ひ と | 詩編 84・5 |
| わたしたちは | そ の栄光を | 見 た | ヨハネ 1・14ab |

321

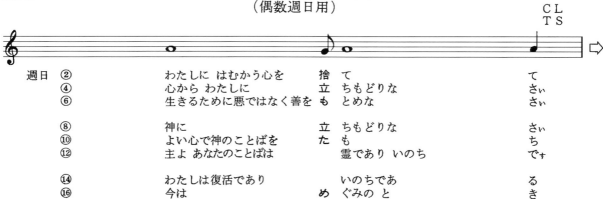

264 復活節アレルヤ唱
(主日・祭日用)

主の復活		わたしたちの過越	キリストは	ほふられた
八日間		きょうこそ神が造られた日	喜び	歌え
第2主日		トマよ あなたはわたしを	見たので	信じた
第3主日	A B	主イエズスよ 聖書を開いて	わたしたちに	話し
	C	すべてのものを造られた	キリストは	復活し
第4主日		わたしは よい牧者	わたしは羊を	知り
第5主日	A	わたしは道 真理 いのち	わたしを通ら	なければ
	B	わたしのうちにとどまりなさい	わたしもあなたがたのうちにいる	
	C	新しいおきてを あなたがたに与える	互いに愛し合い	なさい
第6主日		わたしを愛する人は わたしのことばを守る	わたしの父は その人を	愛し
主の昇天		全世界に行きすべての人を	わたしの弟子に	しなさい
聖霊降臨		聖霊来てください	信じる人の心を	満たし
聖ヨセフ		しあわせな人 あなたの家を	すまいと	し
神のお告げ		みことばは人となり	わたしたちのうちに お住みになった

復活後の主の祝祭日には **266** を使うこともできる。

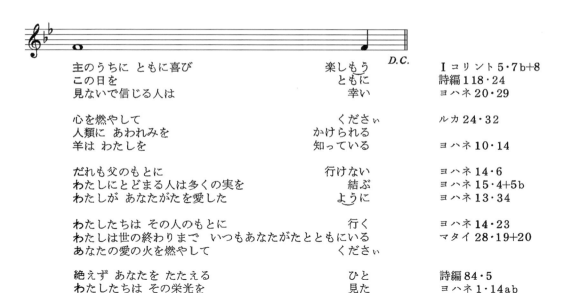

主のうちに ともに喜び 楽しもう		Ｉコリント 5・7b+8
この日を ともに		詩編 118・24
見ないで信じる人は 幸い		ヨハネ 20・29
心を燃やして くださぃ		ルカ 24・32
人類に あわれみを かけられる		
羊は わたしを 知っている		ヨハネ 10・14
だれも父のもとに 行けない		ヨハネ 14・6
わたしにとどまる人は多くの実を 結ぶ		ヨハネ 15・4+5b
わたしが あなたがたを愛した ように		ヨハネ 13・34
わたしたちは その人のもとに 行く		ヨハネ 14・23
わたしは世の終わりまで いつもあなたがたとともにいる		マタイ 28・19+20
あなたの愛の火を燃やして くださぃ		
絶えず あなたを たたえる ひと		詩編 84・5
わたしたちは その栄光を 見た		ヨハネ 1・14ab

265 復活節アレルヤ唱
(週日用)

週日			
	①	キリストは苦しみを受けて	死者のうちから復活 し
	②	わたしは よい牧者	わたしは羊を 知り
	③	羊は わたしの声を聞き分け	わたしもその羊を 知り
	④	トマよ あなたはわたしを	見たので 信じた
	⑤	死者のうちから復活されたキリストは	もう死ぬことは なく
	⑥	キリストとともに復活したなら	うえのことを求め よう
	⑦	イエズス・キリスト，まことの あかしをたてた人，死者の初穂	わたしたちを 愛し
	⑧	キリストは復活し	ご自分の血であがなった わたしたちを
	⑨	主はわたしたちのために	十字架の木に かかり
	⑩	すべてのものを造られたキリストは	復活 し
	⑪	主・キリストは復活された	勝利の王，キリスト よ

栄光に はいる	かた	ルカ 24・46＋24参照
羊は わたしを	知っている	ヨハネ 10・14
羊は わたしに	従う	ヨハネ 10・27
見ないで信じる人は	幸い	ヨハネ 20・29
死はキリストを支配	できない	ロマ 6・9
キリストは神の右に座して	おられる	コロサイ 3・1
ご自分の血で罪を清めてくださった	かた	黙示録 1・5ab
照らして	くださる	
墓の中から復活	された	
人類にあわれみを	かけられる	
あふれる いつくしみを	わたしたちに	

266

復活後の主の祝祭日
アレルヤ唱

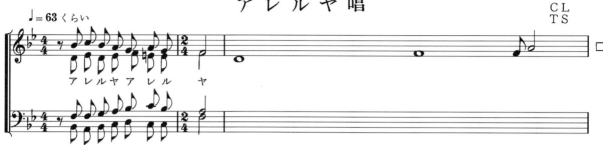

主の復活	わたしたちの過越	キリストは　　　　ほふられた
八日間	きょうこそ神が造られた日	喜び　　　　うたえ
神のお告げ（復活節中）	みことばは人となり	わたしたちのうちに お住みになった
主の昇天	全世界に行き	すべての人をわたしの 弟子にし なさ　い↗

聖霊降臨	聖霊来てくださぃ	信じる人の心を　　みた　し
三位一体	栄光は父と子と聖霊に	神は今あり かつて　あ　り
キリストの聖体	わたしは天から下った いのちのかて	このパンを食べる も の　は

イエズスのみ心ＡＢＣ	わたしは心やさしくへりくだる者	わたしのくびきを　　受け て
Ｂ	神は先に わたしたちを愛し	わたしたちの罪の ゆるしのた め　に
Ｃ	わたしは よい牧者	わたしは羊を　　知り

主の変容（8月6日）	これは わたしの	意にかなう　　　愛する子
十字架称賛（9月14日）	キリストよ	あなたを拝み　たたえよう
王であるキリスト	主の名によって	来られるかたに　　賛　美

主のうちに ともに喜び	楽しもう	Ⅰコリント 5・7b+8
この日を	ともに	詩編 118・24
わたしたちは その栄光を	見た	ヨハネ 1・14ab
わたしは世の終わりまで		
いつも あなたがたとともに いる		マタイ 28・19+20

あなたの愛の火を燃やして	ください	
また来られる	かた	黙示 1・8
永遠に	生きる	ヨハネ 6・51
わたしに習い	なさい	マタイ 11・29ab

ひとり子を	遣わされた	Ⅰヨハネ 4・10b
羊は わたしを	知っている	ヨハネ 10・14

かれに	聞け	マタイ 17・5c
主は十字架によって世を	あがなわれた	
わたしたちの父 ダビデの国に祝福がありますように		マルコ 11・9b+10a

267

昇天後の週日
アレルヤ唱

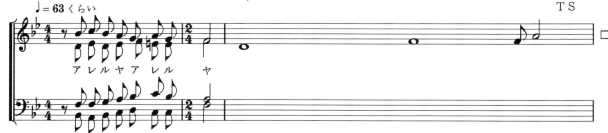

昇天祭後の週日①	全世界に行き	すべての人をわたしの 弟子にし なさ い
②	わたしは父に願い	父が与える あかしの霊はえ い遠 に
③	わたしはあなたがたを	孤児には し な い
④	聖霊はあなたがたに	すべてを お し え
⑤	すべての真理を教えてくださる	真理の 霊 を
⑥	わたしは父から出て	世に 来 た が
⑦	キリストとともに復活したなら	うえのことを も とめよう

わたしは世の終わりまで
　　　　いつも あなたがたとともに いる　　　　　　　　マタイ 28・19+20

あなたがたとともに とどまって　　　　くださる　　　　ヨハネ 14・16
今は行くがまた帰って来て あなたがたの喜びとなる　　　ヨハネ 14・18
話したことを わからせて　　　　くださる　　　　　　　ヨハネ 14・26
つかわ　　　　　　　　　　　　そう　　　　　　　　　　ヨハネ 16・7+13
世を去って父のもとに　　　　　　　行く　　　　　　　　ヨハネ 16・28
キリストは神の右に座して　　　　おられる　　　　　　　コロサイ 3・1

268 年間アレルヤ唱
(奇数主日・週日用)

ア　レ　ル　ー　ヤ　　ア　レ　ル　ー　ヤ　ー

		(週日)		
年間第 3 主日	A	①	イエズスは神の国の福音を	告げ知らせ
	B	③	神の国は	近づいた
	C	⑤	貧しい人に福音を,とらわれ人に解放を	告げるため
年間第 5 主日	A	⑦	わたしは	世の光
	B	⑨	主は わたしたちの病を身に	負い
	C	⑪	わたしのあとに	従いなさぃ
年間第 7 主日	A	⑬	キリストのことばを	守るなら
	B		貧しい人に福音を,とらわれ人に解放を	告げるため
	C	⑮	新しいおきてを あなたがたに	与える
年間第 9 主日	A	⑰	わたしは ぶどうの木,あなたがたは	その枝
	B	⑲	主よ あなたのことばは	真理
	C	㉑	神は ひとり子を お与えになるほど世を	愛された
年間第11 主日	A		神の国は	近づいた
	B	㉓	種は神のことば,まく人は	キリスト
	C	㉕	神は先に わたしたちを	愛し

民の病を	いやされた	マタイ 4・23
回心して福音を	信じなさぃ	マルコ 1・15
神は わたしを	遣わされた	ルカ 4・18
わたしに従う人は いのちの光を	持っている	ヨハネ 8・12b
わたしたちの苦しみを	担ってくださる	マタイ 8・17
人を捕える漁師に	しよう	マタイ 4・19
神の愛は その人のうちに	全うされる	Ⅰヨハネ 2・5
神は わたしを	遣わされた	ルカ 4・18
互いに愛し合いなさい		
わたしが あなたがたを	愛したように	ヨハネ 13・34
わたしのうちに とどまる者は多くの実を	結ぶ	ヨハネ 15・5
わたしたちを 真理のうちに聖なる者に	してくださぃ	ヨハネ 17・17b+a
神を信じるすべての人が永遠のいのちを	得るために	ヨハネ 3・16
回心して福音を	信じなさぃ	マルコ 1・15
キリストを見いだす人は永遠に	生きる	
わたしたちの罪のゆるしのために ひとり子を	遣わされた	Ⅰヨハネ 4・10b

やみから光へ招き入れられた偉大なわざを告げ知らせよ　　　Ⅰペトロ2・9
福音によって生涯を　　　　　　　　照らしてくださった　　Ⅱテモテ1・10b
あなたは永遠の いのちの ことばを　持っておられる　　　　Ⅰサムエル3・9＋
　　　　　　　　　　　　　　　　　　　　　　　　　　　　　ヨハネ6・68c

キリストを見いだす人は永遠に　　　生きる
わたしたちが どんな希望に召されているかを　示してくださる　エフェソ1・17＋18
あなたは永遠の いのちのことばを　持っておられる　　　　ヨハネ6・63c＋68c

あなたは神の国のことを小さい人々に　現してくださった　　マタイ11・25
神は民を　　　　　　　　　　　　　訪れてくださった　　　ルカ7・16
わたしたちは「アバ，父よ」と　　　叫ぶ　　　　　　　　　ロマ8・15

わたし は そのことばに　　　　　　寄り頼む　　　　　　　詩編130・5
このパンを食べる人は永遠に　　　　生きる　　　　　　　　ヨハネ6・51
人の子は思いがけない時に　　　　　来る　　　　　　　　　マタイ24・42a＋44

地獄の門も これに勝つことは　　　できない　　　　　　　マタイ16・18
あなたは永遠の いのちのことばを　持っておられる　　　　ヨハネ6・63c＋68c
わたしを通らなければ だれも父のもとに 行かれない　　　ヨハネ14・6

270

年間アレルヤ唱

（奇数主日・週日用）

94

CL
TS

		（週日）	
年間第２３主日	A	㊾	神はキリストのうちに 世をご自分に　和解させ
	B		イエズスは神の国の福音を　告げ知らせ
	C		あなたの顔を わたしの上に　輝かせ
年間第２５主日	A	(51)	神よ わたしたちの心を　開き
	B		福音によって 神は わたしたちを　召し出し
	C		イエズス・キリストは 富んでおられたのに 貧しく　なられた
年間第２７主日	A	(53)	あなたがたを世から　選んだのは
	B	(55)	互いに愛し合うなら 神はわたしたちとともに おられ
	C	(57)	あなたがたに のべ伝えられた　福音は
年間第２９主日	A		あなたがたは いのちのことばを　保ち
	B	(59)	人の子が来たのは仕える　ため
	C		神のことばは生きていて力が　あり
年間第３１主日	A	(61)	あなたがたの父は 天におられるかた　ただひとり
	B		わたしを愛する人は わたしのことばを　守る
	C		神は ひとり子を お与えになるほど世を　愛された

アレルーヤ ー アレールヤ

和解のことばを わたしたちに	ゆだねられた	Ⅱコリント5・19
民の病を	いやされた	マタイ4・23
おきてを	授けてくださぃ	詩編119・135
あなたの子が語られることに心を	向けさせてくださぃ	使徒16・14b
主イエズス・キリストの栄光にあずかる者と	してくださった	Ⅱテサロニケ2・14
あなたがたが キリストの貧しさによって	富むように	Ⅱコリント8・9
あなたがたが行って実を結び その実が	残るためである	ヨハネ15・16b
その愛は わたしたちのうちに	全うされる	Ⅰヨハネ4・12
永遠にとどまる神の	ことば	Ⅰペトロ1・25
ともしびのように世を	照らしなさぃ	フィリピ2・15+16
多くの人の あがないとして 自分のいのちを	与えるため	マルコ10・45
心の思いと計画を	わきまえる	ヘブライ4・12
あなたがたの師は キリスト	ただひとり	マタイ23・9a+10b
わたしの父は その人を愛し わたしたちは その人のもとに	行く	ヨハネ14・23
神を信じるすべての人が永遠のいのちを	得るために	ヨハネ3・16

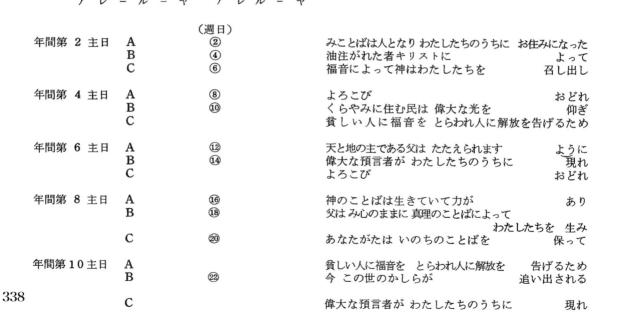

主を受け入れる人には神の子となる恵みが	与えられた	ヨハネ1・14+12b
恵みと真理は	実現した	ヨハネ1・41+17b
主イエズス・キリストの栄光にあずかる者と	してくださった	Ⅱテサ2・14
天において あなたがたのむくいは	大きい	マタイ5・12a
死のかげに おおわれた人々に光が	現れた	マタイ4・16
神はわたしを	遣わされた	ルカ4・18
あなたは神の国のことを小さい人々に	現してくださった	マタイ11・25
神は民を	訪れてくださった	ルカ7・16
天において あなたがたのむくいは	大きい	ルカ6・23
心の思いと計画を	わきまえる	ヘブライ4・12
被造物の初穂と	された	ヤコブ1・18
ともしびのように世を	照らしなさい	フィリピ2・15+16
神はわたしを	遣わされた	ルカ4・18
わたしが地上から上げられるとき すべての人を わたしのもとに	引き寄せる	ヨハネ12・31b+32
神は民を	訪れてくださった	ルカ7・16

272

年間アレルヤ唱 (2)
（偶数主日・週日用）

CL
TS

アレールーヤ　アレルーヤ
（週日）

年間第12主日	A		真理の霊は わたしについて	あかしする
	B		偉大な預言者が わたしたちのうちに	現れ
	C	㉖	羊は わたしの声を聞き分け , わたしもその羊を	知り
年間第14主日	A		天と地の主である父は たたえられます	ように
	B		貧しい人に福音を , とらわれ人に解放を	告げるため
	C	㉘	キリストの平和が あなたがたの心を	満たし
年間第16主日	A		天と地の主である父は たたえられます	ように
	B		羊は わたしの声を聞き分け , わたしもその羊を	知り
	C	㉚	よい心で神のことばを	保ち
年間第18主日	A　B	㉜	人はパンだけでは	なく
	C	㉞	心の貧しい人は	幸い
年間第20主日	A	㊱	イエズスは神の国の福音を	告げ知らせ
	B	㊳	わたしの肉を食べ わたしの血を飲む人は わたしのうちに	とどまり
	C		羊は わたしの声を聞き分け , わたしもその羊を	知り
年間第22主日	A		主イエズス・キリストの父が わたしたちの心の目を 開き	
	B		父は み心のままに 真理のことばによって わたしたちを 生み	
	C	㊵	わたしは心やさしく	へりくだる者

340

アレルーヤ　アーレル　ヤ

あなたがたも わたしを	あかしする	ヨハネ 15・26b+27a
神は民を	訪れてくださった	ルカ 7・16
羊は わたしに	従う	ヨハネ 10・27
あなたは神の国のことを小さい人々に	現してくださった	マタイ 11・25
神はわたしを	遣わされた	ルカ 4・18
キリストのことばが豊かに	宿りますように	コロサイ 3・15a+16a
あなたは神の国のことを小さい人々に	現してくださった	マタイ 11・25
羊は わたしに	従う	ヨハネ 10・27
忍耐をもって実を結ぶ人は	幸い	ルカ 8・15
神のことばによって	生きている	マタイ 4・4b
天の国は その人の	もの	マタイ 5・3
民の病を	いやされた	マタイ 4・23
わたしも その人のうちに	いる	ヨハネ 6・56
羊は わたしに	従う	ヨハネ 10・27
わたしたちがどんな希望に　　召されているかを	示してくださる	エフェソ 1・17+18
被造物の初穂と	された	ヤコブ 1・18
わたしのくびきを受けて わたしに	ならいなさい	マタイ 11・29ab

273 年間アレルヤ唱 (2)
（偶数主日・週日用）

		（週日）		
年間第24主日	A		新しいおきてを あなたがたに	与える
	B	㊷	わたしには 主の十字架のほかに ほこるものは	ない
	C		神はキリストのうちに 世をご自分に	和解させ
年間第26主日	A		羊は わたしの声を聞き分け , わたしもその羊を	知り
	B		主よ あなたのことばは	真理
	C		イエズス・キリストは 富んでおられたのに 貧しく	なられた
年間第28主日	A		主イエズス・キリストの父が わたしたちの心の目を	開き
	B		心の貧しい人は	幸い
	C	㊹	すべてについて	感謝しなさい
年間第30主日	A	㊻	わたしを愛する人は わたしのことばを	守る
	B		わたしたちの救い主イエズス・キリストは死を	滅ぼし
	C		神はキリストのうちに世をご自分に	和解させ

アレルーヤ　アーレル　ヤ

「互いに愛し合いなさい　わたしが あなたがたを	愛したように」	ヨハネ 13・34
世は わたしにとって　わたしも世にとって十字架に	付けられている	ガラテヤ 6・14
和解のことばを わたしたちに	ゆだねられた	Ⅱコリント 5・19
羊は わたしに	従う	ヨハネ 10・27
わたしたちを 真理のうちに聖なるものに	してください	ヨハネ 17・17b+a
あなたがたが キリストの貧しさによって	富むように	Ⅱコリント 8・9
わたしたちが どんな希望に召されているかを	示してくださる	エフェソ 1・17+18
天の国はその人の	もの	マタイ 5・3
神はキリスト・イエズスのうちにあって　あなたがたにこれを	望んでおられる	Ⅰテサロニケ 5・18
わたしの父は その人を愛し　わたしたちは その人のもとに	行く	ヨハネ 14・23
福音によって生涯を	照らしてくださった	Ⅱテモテ 1・10b
和解のことばを わたしたちに	ゆだねられた	Ⅱコリント 5・19

274 アレルヤ唱
終末主日・週日

年間第32主日	A	（終末週日） ①	目ざめて用意していな	さぃ
	B	②	心の貧しい人は幸	い
	C	③	イエズス・キリストは死者のうちから 　　　　　　　最初に生まれたかた	
第33主日	A	④	わたしのうちに とどまりなさぃ 　　わたしもあなたがたのうちにいる	
	B	⑤	目ざめて いつも祈っていな	さぃ
	C	⑥	恐れずに頭を上げな	さぃ
		⑦	死に至るまで忠実でありな	さぃ

人の子は思いがけない時に来る	マタイ 24・42a +44
天の国は その人のもの	マタイ 5・3
栄光と支配は世々にかれのもの	黙示 1・5+6
わたしにとどまる人は多くの実を結ぶ	ヨハネ 15・4+5b
人の子の前にふさわしく立つことができるように	ルカ 21・36
あなたがたの救いは近づいている	ルカ 21・28
わたしは あなたに いのちの冠を 与えよう	黙示 2・10c

275 死者のためのミサ アレルヤ唱

① 天と地の主である神は
　　　　　たたえられますように↗
② わたしの父に祝福された　　　ひ　と

③ 神は ひとり子をお与えになるほ　ど
④ わたしをつかわしたかたの意志　　は

⑤ わたしの父の意志は 子を見て
　　　信じる者が　永遠のいのちを保ち
⑥ わたしは復活で　　　　　あ　り
⑦ わたしの国籍は天に　　　あ　り
⑧ キリストとともに死んだのなら
　　　　　キリストとともに生き↗
⑨ 死者の中から最初に復活された
　　　　　キリストに↗
⑩ 主のうちに　　　　　　あって
⑪ いつくしみの父
　　　すべての慰めの神に賛美

```
あなたは神の国を小さい人々に
            現してくださっ  た              マタイ 11・25
世の初めからあなたがたのために
        備えられた国を受けなさ  い          マタイ 25・34
世を愛して            くださっ  た          ヨハネ 3・16
わたしが受けたすべての者を
    終わりの日に復活させることであ  る      ヨハネ 6・39

終わりの日に復活することで    あ  る      ヨハネ 6・40
いのちで                      あ  る      ヨハネ 11・25a
そこから来られる救い主・イエズスを待って いる  フィリピ 3・20
耐えしのぶなら        ともに治め  る      Ⅱテモテ 2・11+12

栄光と力が            とこしえ  に        黙示 1・5+6

死ぬ人は                      幸い        黙示 14・13

どのような苦しみにあっても神は慰めてくださ**る**   Ⅱコリ 1・3+4
```

347

276

教会献堂・聖母・聖人祝日
アレルヤ唱

2 月 5 日	日本26聖人		あなたを神と ほめたたえ 万物の主と	あがめる
5 月31日	聖マリアの訪問		おとめマリア　信じたあなたは	幸い
6 月24日	洗礼者ヨハネ		幼子よ おまえも神の預言者と	呼ばれ
8 月10日	聖ラウレンチオ		わたしに従う者は やみの中を	歩まず
8 月15日	聖母被昇天		マリアは天に	上げられた
9 月 8 日	聖マリア誕生		しあわせなかた おとめマリア 　　　　あなたは あらゆる賛美に	ふさわしい♩
9 月29日	聖三大天使		神の使いよ 神を	たたえよ
11月 1 日	諸聖人		労苦して重荷を負っている者は 　　　　　　　　　　わたしのもとに	来なさい♩
11月 9 日	ラテラン献堂		この場所を わたしは選び	聖なるものとした

348

けだかい殉教者の群れも あなたを	たたえて歌う	テ・デウム
神から あなたに言われたことは	成就される	ルカ 1・45
主の前を歩み その道を	整える	ルカ 1・76
いのちの光を	もつ	ヨハネ 8・12b
天使の群れは喜びに	輝く	
正義の太陽である　わたしたちの主・キリストは あなたから	お生まれになった	
み旨を行うしもべたちよ 神を	たたえよ	詩編 103・20a+21b
わたしは あなたがたを	回復させよう	マタイ 11・28
ここに いつまでも わたしの名を とどめる	ために	Ⅱ歴 7・16

277 アレルヤ唱

使徒祝日

1	月25日	聖パウロの回心	あなたが わたしを選んだのでは　　　　　　ない
2	月22日	聖ペトロ使徒座	あなたは いわお
			この岩の上に わたしの教会を　建てよう↗
4	月25日	聖マルコ	十字架に付けられたキリストを わたしは告げ知らせる
5	月 3日	聖フィリポ・ヤコブ	わたしは道 真理　　　　　　　　　　　　いのち
5	月14日	聖マチア	あなたが わたしを選んだのでは　　　　　　ない
6	月29日	聖ペトロ・パウロ	あなたは いわお
			この岩の上に わたしの教会を　建てよう↗
7	月 3日	聖トマ	トマよ あなたは わたしを見たので　　　　信じた
7	月25日	聖ヤコブ	あなたがたを世から　　　　　　　選んだのは
8	月24日	聖バルトロマイ	師よ あなたは　　　　　　　　　　　　　神の子
9	月21日	聖マタイ	あなたを神と ほめたたえ 万物の主と　　あがめる
10	月18日	聖ルカ	あなたが わたしを選んだのでは　　　　　ない
10	月28日	聖シモン・ユダ	あなたを神と ほめたたえ 万物の主と　　あがめる
11	月30日	聖アンデレ	わたしのあとに　　　　　　　　　　　従いなさい
12	月27日	聖ヨハネ	

わたしが あなたを	選んだのである	ヨハネ 15・16
地獄の門も これに勝つことは	できない	マタイ 16・18
キリストは 神の力 神の	知恵	Ⅰコリント 1・23a＋24b
フィリポよ わたしを見る者は父を	見る	ヨハネ 14・6a＋9b
わたしが あなたを	選んだのである	ヨハネ 15・16
地獄の門も これに勝つことは	できない	マタイ 16・18
見ないで信じる人は	幸い	ヨハネ 20・29
あなたがたが行って実を結び その実が残る	ためである	ヨハネ 15・16b
イスラエルの	王	ヨハネ 1・49b
栄光を受けた使徒の群れも あなたを	たたえて歌う	テ・デウム
わたしが あなたを	選んだのである	ヨハネ 15・16
栄光を受けた使徒の群れも あなたを	たたえて歌う	テ・デウム
人を捕える漁師に	しよう	マタイ 4・19

アレルヤ唱

第 2 シリーズ

ad libitum

278 待降節アレルヤ唱 (3)
(12月16日まで)

279 待降節アレルヤ唱 (4)
(12月17日から24日まで)

アレルヤ　アレルーヤ

1. すべてを越える神から出た英知よ
2. イスラエルの指導者である主よ
3. 民の旗印として立った エッサイの切株
4. ダビドのかぎ イスラエルの家の王しゃく
5. さしのぼる朝日 永遠の光の輝き
6. 諸国民の待望の王
7. インマヌエル わたしたちと ともにおられる王

1. あなたは果てから果てまで　　　　　　　すべてを力強く やさしく整えられる
2. あなたは やぶの火の中でモーセに現れ　シナイで おきてを お与えになった
3. あなたによって諸国の王は鳴りをひそめ　民はあなたに願い求める
4. あなたが開けば閉じる者なく　　　　　　あなたが閉じれば開く者はない
5. あなたは 正義の太陽　　　　　　　　　日のあたらない陰に生き
6. 神と人とを一つに合わせる礎の石　　　　あなたが土から造られた人を
7. 立法者　　　　　　　　　　　　　　　　諸国の民の希望

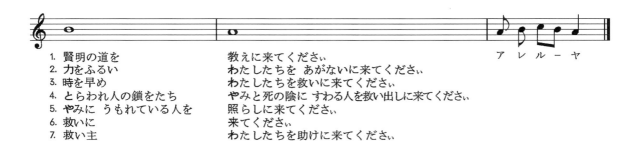

281 年間アレルヤ唱
（神のことばを）

ルカ 11・28   C L / F M

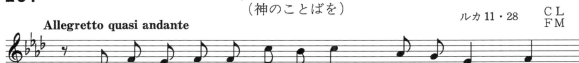
アレルヤ アレルヤ アレルヤ

かみのことばをきき これをまもるひとは

さいわい アレルヤ アレルヤ アレルヤ

282 年間アレルヤ唱
(愛のうちに)

Ⅰヨハネ 4・16
C L T S

283

聖母祝日

アレルヤ唱

216

CL
MK

アレルヤ　アレルーヤ　マリア　は　てんに　あげられた　てんし　の　むれは　よろこび　に　かがや　くアレル　ヤ

284

死者のためのミサ

アレルヤ唱 (2)

C L
J R

1. 天と地の主である神は たたえられますように
2. わたしの父に祝福された人
3. 神は ひとり子を お与えになるほど
4. わたしを つかわしたかたの意志は
5. わたしの父の意志は
6. わたしは
7. わたしの国籍は天にあり
8. キリストと ともに死んだのなら
9. 死者の中から最初に復活されたキリストに
10. 主のうちにあって
11. いつくしみの父 すべての慰めの神に賛美

あなたは神の国を
世の初めから あなたがたのために備えられた
世を愛して
わたしが受けたすべての者を
子を見て信じる者が永遠のいのちを保ち
復活であり
そこから来られる救い主イエズス・キリストを
キリストと ともに生き
栄光と力が
死ぬ人は
どのような苦しみにあっても

1. 小さい人々に現してくださった　　マタイ 11・25
2. 国を受けなさい　　　　　　　　　マタイ 25・34
3. くださった　　　　　　　　　　　ヨハネ 3・16
4. 終わりの日に復活させることである　ヨハネ 6・39
5. 終わりの日に復活することである　　ヨハネ 6・40
6. いのちである　　　　　　　　　　ヨハネ 11・25a
7. 待っている　　　　　　　　　　　フィリピ 3・20
8. 耐えしのぶなら ともに治める　　　IIテモテ 2・11+12
9. とこしえに　　　　　　　　　　　黙示 1・5+6
10. さいわい　　　　　　　　　　　　黙示 14・13
11. 神は慰めてくださる　　　　　　　IIコリ 1・3+4

第5編

典　礼　賛　歌

待降節　301
降誕節　305
四旬節　311
聖週間　315
復活節　345

305

やみに住む民は光を見た

降誕節の入祭の歌

ルカ 2・11 14 17

311 神を求めよ

四旬節の入祭の歌

イザヤ 55・6〜7

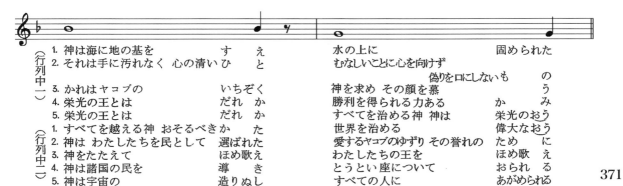

(行列中一)
1. 神は海に地の基を　　　すゑ　　　水の上に　　　固められた
2. それは手に汚れなく 心の清いひと　　むないしことに心を向けず
　　　　　　　　　　　　　　　　　　偽りを口にしないもの
3. かれはヤコブの　　　いちぞく　　　神を求め その顔を慕
4. 栄光の王とは　　　だれか　　　勝利を得られる力あるかみ
5. 栄光の王とは　　　だれか　　　すべてを治める神 神は栄光のおう

(行列中二)
1. すべてを越える神 おそるべきかた　　世界を治める　　偉大なおう
2. 神は わたしたちを民として 選ばれた　愛するヤコブのゆずり その誉れのために
3. 神をたたえて　　　ほめ歌え　　　わたしたちの王を　ほめ歌え
4. 神は諸国の民を　　　導き　　　とうとい座について　おられる
5. 神は宇宙の　　　造りぬし　　　すべての人に　　　あがめられる

316 枝の主日 聖 な る 町 に

(行列の終り)では，1.から始め，三小節目の終わりから2.の初めにもどり，最後のCodaを歌って終わる。
(入祭唱)では，三小節目の終わりから詩編に行き，詩編の終わりから※印へもどり，Codaまで歌う。

詩編24・9+10　枝の主日入祭の歌

317 聖週間 キリストは人間の姿で

フィリピ 2・8~9

C L
T S

主の受難 (聖金曜日)

ことばの典礼
第1朗読　　イザヤの預言
　答唱詩編（詩編 31）　**145**
第2朗読　　ヘブライ人への手紙
　詠　唱　　**317**
ヨハネによる受難
盛式共同祈願

331　十字架の礼拝

332 十字架賛歌
（クルーチェム・トゥアム）

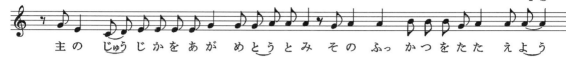

主の十字架を崇め尊み……よろこびが来た

333 とがめの交唱
(インプロペリウム)

CL
TS

たみよ　わたしにこたえよ　わたしはあなた
になにをしたか　なにをもってあなたをかなしませたか

先唱者

1. わたしは　エジプトの地から　あなたを導き出したのに
2. わたしは　四十年の荒れ野の日々　いつもあなたを伴い　マンナを降らせてあなたを養い　豊かな土地に導いたのに

あなたは　すくいぬしにじゅうじかをおわせた　民よ…
あなたは　すくいぬしにじゅうじかをおわせた　民よ…

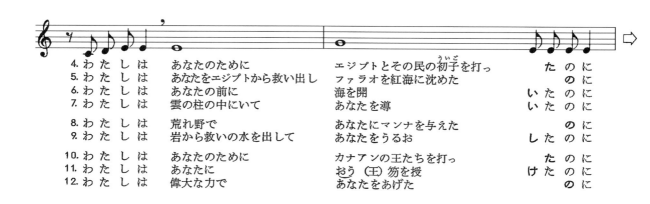

336 十字架賛歌 (2)
（クルクス・フィデーリス）

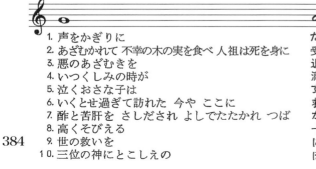

1. 声をかぎりに　　　　　　　　　　　たたえよう　　ほまれに満ちる
2. あざむかれて 不幸の木の実を食べ 人祖は死を身に　受け　た　　その姿を
3. 悪のあざむきを　　　　　　　　　　退け　て　　　罪の打ち傷をすべてに開き いやしの薬を
4. いつくしみの時が　　　　　　　　　満　ち　　　　とうとい父より
5. 泣くおさな子は　　　　　　　　　　すこやか に　　貧しい里の
6. いくとせ過ぎて訪れた 今や ここに　　救いの 日　　あがないのため
7. 酢と苦肝を さしだされ よしでたたかれ つば　かけられて　さしつらぬかれた主の
8. 高くそびえる　　　　　　　　　　　十字架の 木　釘づけられた主の
9. 世の救いを　　　　　　　　　　　　になった 木　十字架の木
10. 三位の神にとこしえの　　　　　　　ほま　れ　　　父と子と あかしの霊に

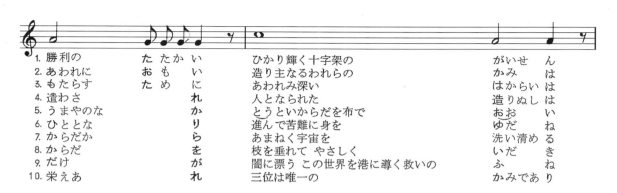
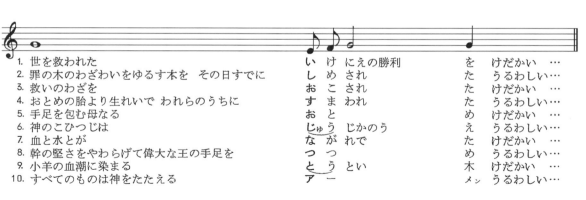

385

341 復活の聖なる徹夜祭

光の祭儀

キリストの光

342 復活賛歌

ことばの典礼

第1朗読　　創世記
　　答唱詩編　　（詩編104）　　**68**
　　　または　　（詩編33）　　**46**

第2朗読　　創世記
　　答唱詩編　　（詩編16）　　**98**

第3朗読　　出エジプト記
　　答唱詩編　　（出エジプト15）**79**

第4朗読　　イザヤの預言
　　答唱詩編　　（詩編30）　　**65**

第5朗読　　イザヤの預言
　　答唱詩編　　（イザヤ12）　**164**

第6朗読　　バルクの預言
　　答唱詩編　　（詩編19後）　**124**

第7朗読　　エゼキエルの預言
　　答唱詩編　　（詩編42）　　**144**
　　洗礼式がある時（詩編51）　**7**
　　　第5朗読を使わなかった場合
　　イザヤ12を用いる　　　　**164**

使徒書の朗読　　ローマへの手紙
　　アレルヤ唱　　（詩編118）　**12**

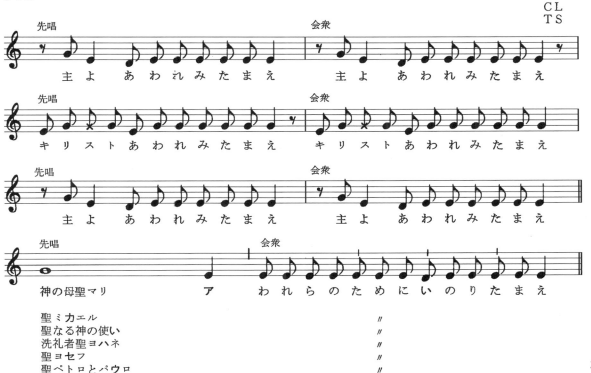

聖ヨハネ 〃
マグダラの聖マリア 〃
聖ステファノ 〃
聖イグナチオ 〃
聖ラウレンチオ 〃
聖ペルペトゥアとフェリチタス 〃
聖アグネス 〃
聖グレゴリオ 〃
聖アウグスチノ 〃
聖アタナシオ 〃
聖バジリオ 〃
聖マルチノ 〃
聖ベネディクト 〃
聖フランシスコとドミニコ 〃
聖フランシスコ・ザビエル 〃
聖ヨハネ・ビアンネ 〃
シエナの聖カタリナ 〃
アビラの聖テレジア 〃
聖なる日本の殉きょう者 〃
聖○○○○（洗礼名の聖人を入れることができる） 〃
　　　（叙階式・奉献式・誓願式には関係修道会の聖人を入れることができる）
神のすべての聖人とせい女 〃

すべての つみより 〃
永久の死より 〃
主の受肉によりて 〃
主の死と復活によりて 〃
聖霊の注ぎによりて 〃

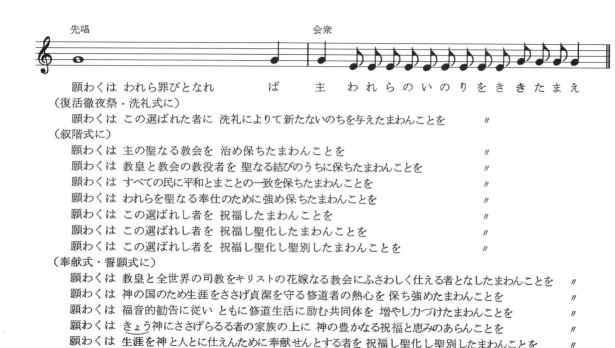

先唱　願わくは　われら罪びとなれば　会衆　主　われらのいのりを　きき　たまえ

(復活徹夜祭・洗礼式に)
　　願わくは　この選ばれた者に　洗礼によりて新たないのちを与えたまわんことを　　　〃

(叙階式に)
　願わくは　主の聖なる教会を　治め保ちたまわんことを　　　〃
　願わくは　教皇と教会の教役者を　聖なる結びのうちに保ちたまわんことを　　　〃
　願わくは　すべての民に平和とまことの一致を保ちたまわんことを　　　〃
　願わくは　われらを聖なる奉仕のために強め保ちたまわんことを　　　〃
　願わくは　この選ばれし者を　祝福したまわんことを　　　〃
　願わくは　この選ばれし者を　祝福し聖化したまわんことを　　　〃
　願わくは　この選ばれし者を　祝福し聖化し聖別したまわんことを　　　〃

(奉献式・誓願式に)
　願わくは　教皇と全世界の司教をキリストの花嫁なる教会にふさわしく仕える者となしたまわんことを　　　〃
　願わくは　神の国のため生涯をささげ貞潔を守る修道者の熱心を　保ち強めたまわんことを　　　〃
　願わくは　福音的勧告に従い　ともに修道生活に励む共同体を　増やし力づけたまわんことを　　　〃
　願わくは　きょう神にささげらるる者の家族の上に　神の豊かなる祝福と恵みのあらんことを　　　〃
　願わくは　生涯を神と人とに仕えんために奉献せんとする者を　祝福し聖化し聖別したまわんことを　　　〃

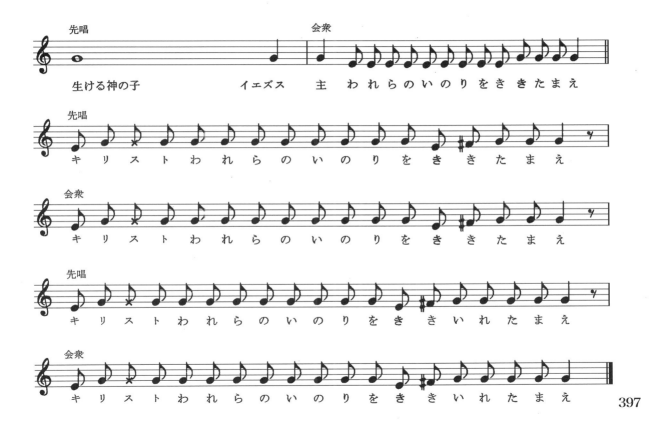

345

復活節の入祭の歌

わたしは復活し

詩編 139・5〜6　18

CL
TS

♩=69 くらい

わたしは ふっかつ し あ なたと とも にい る あ

なたはわたしのうえに手を の べ られた あ な たのちえ はは

かりがたいアレル ヤ ア レールーヤ ア レールーヤ

346 勝利と力は神のもの

復活節
終末主日

黙示 19・1〜7

C L
T S

♩=72くらい

（　）内は四旬節中

第6編

教会の祈り（聖務日課）

歌唱式次第　361
賛美の賛歌　367
聖母賛歌　371

362 初め

各時課の初めに CL TS

司 神よ わたしを　　力づけ　　答 いそいで たすけに 来てください

司 栄光は 父と子と せいれいに　　答 初めのように今もいつも代々にアーメン　　アレールーヤ
（四旬節中は省く）

賛歌（祝日・季節・時課の特性に合わせて選ぶ）

読書と昼の祈りの唱和

第一詩編（詩編1）

先 しあわせな人　　　神の教えに心を留める人

1. しあわせな人　　　神に逆らう者のつどいに はいらず

2. 罪びとの道を歩むことなく　　神をあざける者のはかりごとに くみしないひと
（栄唱）栄光は父と子と聖霊に　　初めのように 今も いつも 世々に アーメン

413

第二詩編（詩編2）

先「わたしは とうといシオンの山で わたしの王を立てた」

1. なぜ 国々は騒ぎたち　　　　　　　　民は むなしく叫ぶのか

2. 王たちは立ち上がり 支配者は ともに計り　　神と 油そそがれた王に逆らって言う
3. 「かれらのかせを打ち砕き　　　　　　　　くびきを投げ捨てよう」
(栄唱)栄光は父と子と聖霊に　　　　　　　　初めのように今もいつも世々に アーメン

第三詩編（第一詩編に同じ）

唱　句　（読書の前に，昼の祈りには神のことばの後に）

（主日・祝祭日の読書には賛美の賛歌367）

結びの祈願

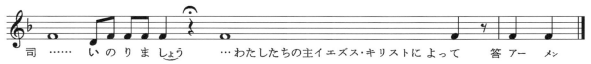

結び

363

朝の祈りの唱和
（詩編唱和以外は晩の祈り364参照）

CL
TS

第一唱和（詩編63）

第二唱和（旧約の歌 ダニエル）

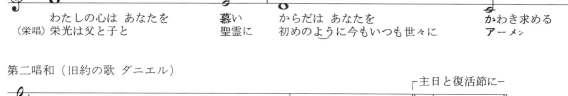

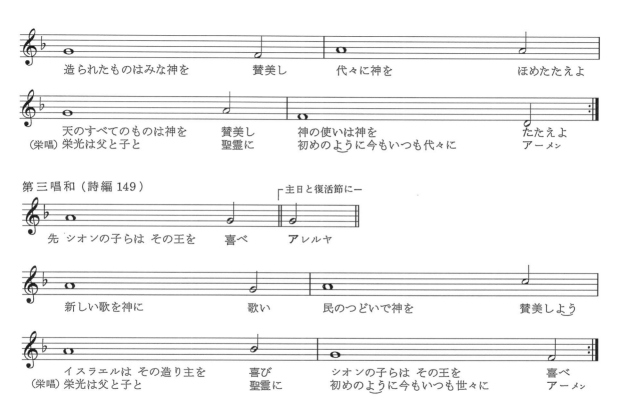

364 初め

賛歌（祝日・季節・時課の特性に合わせて選ぶ）

晩の祈りの唱和

第一唱和（詩編110）

「アレルヤ」がつく場合は、「あらわす」は初めの音のままで歌う。他の唱和の時も同様である。

第三唱和（新約の歌 ヨハネの黙示）

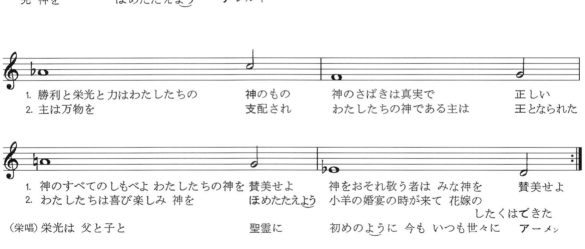

365

神のことば
　答唱

福音の歌

　（晩の祈り：マリアの歌 178～82）

　（朝の祈り：ザカリヤの歌 83～6）

共同祈願

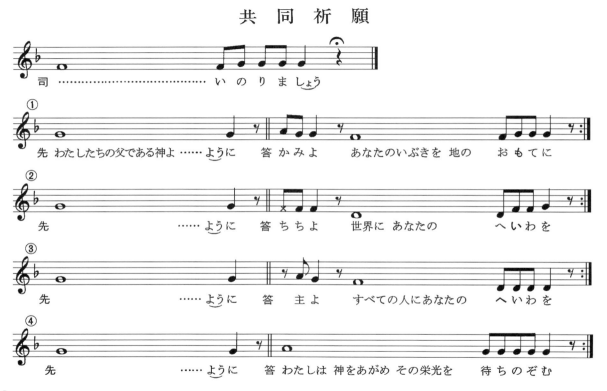

結びの祈願

派遣の祝福

366 寝る前の祈りの唱和

CL
TS

復活節には同じ音で「アレルヤ」を付けて歌う

367 賛美の賛歌
(テ・デウム)

188
CL
TS

1♭でも2♯でもうたうことができる。

9番で終わる場合は（　）内をうたう。

371 聖母賛歌1　しあわせなかたマリア

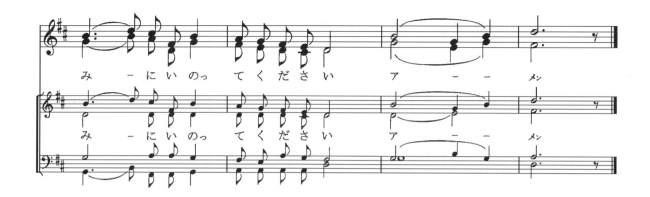

372 救い主を育てた母

聖母賛歌 2

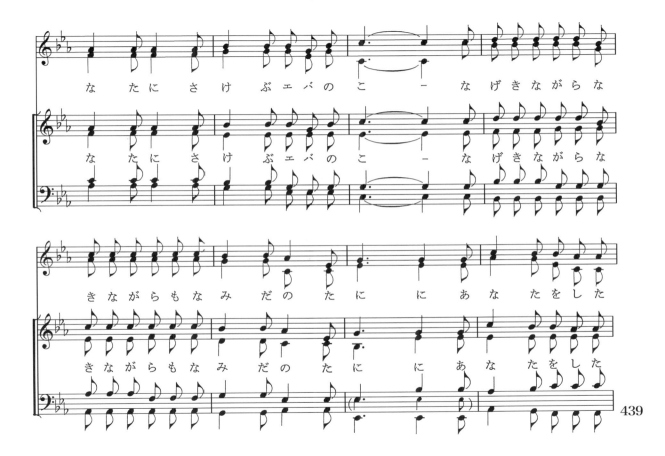

375 聖母賛歌 5　天の元后 喜びたまえ

96㊋
CL
TS

第7編

一　般　賛　歌

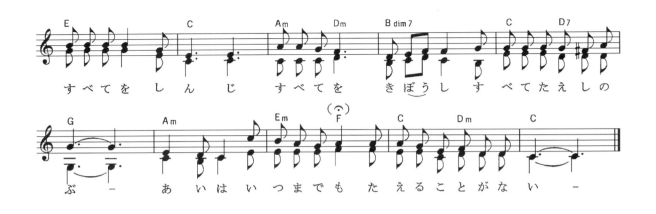

382　神は愛

Ⅰヨハネ 4・16

Canon は下声が先に歌いはじめ，B の時，上声は A をはじめる。上声が「生きている」に達した時に共に Coda へはいっておわる。
Canon は何回くりかえしてもよい。混声の時は，両方共上声下声に別れる。

383

イエズス・キリストへ

385 悲しみのマリア

387 神はキリストのうちに

神の愛といのち

ヨハネ 17・21～23

258

CLTS キまま

♩=92 くらい

1. かみーーはーーキリーストの うう ちち ににあみ りき キまま
2. かみのあいーはキリーストの うう ちち ににあみい ちき まま
3. かみのことばはキリーストの うう ちち ににあみい ちき まま

1. かみーーはーーキリストの キリーストのうちーににキまま
2. かみのあいーはキリススト の キリースストのうちーににまま
3. かみのことばはキリ ススト の キリーススト のうちーにに まま

1. リーストはーーわたしたちの うう ちち にに すーちむるる
2. たそのあいーはわたしたちの うう ちち ににすみいちきるる
3. たそのことばはわたしたちの うう ちち ににあみいきーるる

Fine

1. リーストはーーわたしたちに わわたしたちにーすーむるる
2. たそのあいーはわわたしたちに わわたしたちにみちーるる
3. たそのことばはわたしたちに わわたしたちにいきーるる

1. ひとつになろうわたしたちは キリーストととも ーーに
2. つげしらせようひととびとに キリーストのあい ーーを

D.C.

458

*なお、3番では「またそのことばは」あたりから rit. をはじめ、だんだんゆっくりしてゆき、終わりをよくおさめるようにする。

389　キリストのように父を仰ぎ

キリスト者の愛

エフェソ 5・1〜2

391 ごらんよ空の鳥

神のいつくしみ 賛美

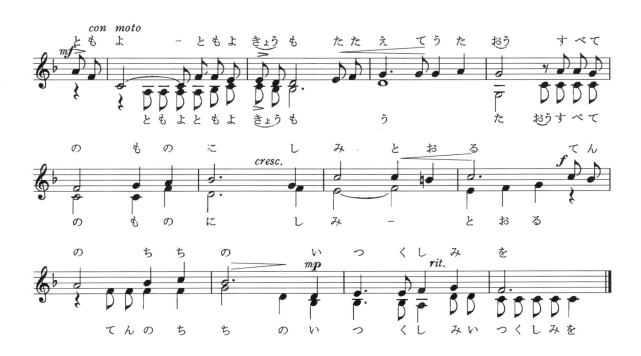

400 キリストの臨在　　　ちいさな ひとびとの

*「まずしいひと」からは，下声はハミングになっているがその音で歌詞をうたってもよい。また，1番はハミング，2番は歌詞にしてもよい。

401 父はいる

神の遍在

403 友よ聞こう

主のいきづかい

405 一致 キリストのからだ　ひとつに なろう

ガラテヤ 3・28　CL / TS

406 平和のほのお

平和

Andante ♩.= 69

YK / AT

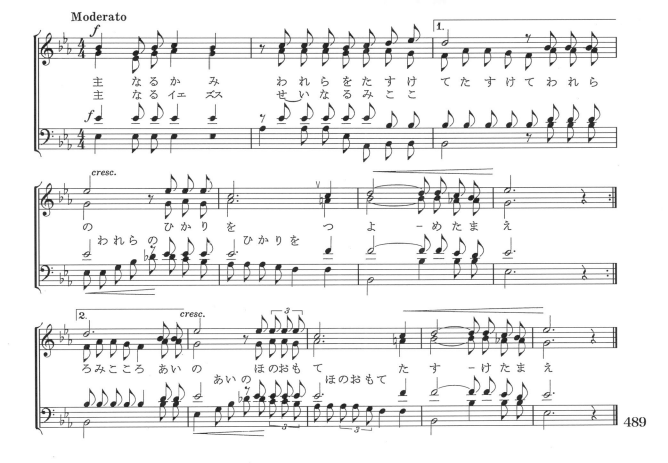

407 マリアさまの こころ

こどもとともに

409 呼ばれています

召命

TK
TS

412 若い心を ひろげよう

希望 信頼 一致

413　万物の父　栄唱　　　すべての ものの中に

エフェソ 4・6

Canon は Sop.Ⅰ, Sop.Ⅱ, Alt.Ⅰ, Alt.Ⅱの順で,
前に入った声がBに達したときAからはじめる。
そして, 最後に入った声, Alt.Ⅱが「父」に達した時, Coda へ入っておわる。
男声の時は Ten.Ⅰ, Ten.Ⅱ, Bas.Ⅰ, Bas.Ⅱの順。混声の時は, 両声共四部に別れるか, または Sop., Ten., Alt., Bas. の順。
後者の場合 Coda では, Ten. は上の譜表の下声を, Alt. は下の譜表の上声を歌う。

19〜20 補 1　　いのちある すべての ものは

19a 詩編145・8+9 10+11 13ab+14　賛美 感謝 復活5C

付　録

やまとのささげうた
ニケア・コンスタンチノープル信条 (1) (2)
使徒信条 (1) (2) (3)
索引

451

―やまとのささげうた―
あわれみの賛歌

453 信仰宣言

454 感謝の賛歌

ニケア・コンスタンチノープル信条（１）

詞・曲 CBCJ

まことのかみよりの まことのかみ、 造られること なく生まれ、 ちちと一体。

すべては 主 に よって つ く ら れ ま し た。 主 は、わ たしたち人類のため、

わたしたちの すくいのために てん からくだり、

以下、「人となられました」まで一同は礼をする。

せい霊によって、おとめマリアよりからだを受け、 ひととなられました。

ポンティオ・ピラトのもとで、わ たしたちのため に じゅう字架に つ け ら れ、

ニケア・コンスタンチノープル信条（2）

詞・曲 CBCJ

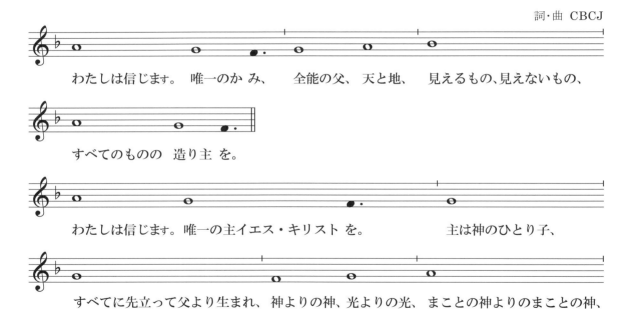

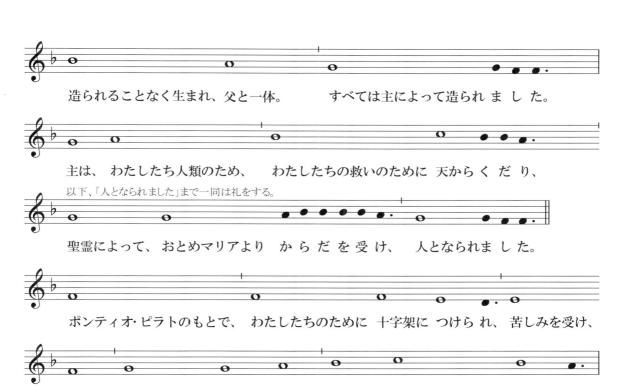

主は、生者と死者を　裁くために　　　　　　栄光のうちに再び来られます。

その国は終わることが ありません。

わたしは信じます。　　主であり、いのちの与え主である　聖霊 を。

聖霊は、　父と子から出て、　　父と子とともに　礼拝され、え い こ う を 受 け、

また　預言者をとおして　語ら れ ま し た。　　　　わたしは、聖なる、普遍の、

使徒的、唯一の教会を　信じ ます。　　罪のゆるしをもたらす唯一の洗礼を　み と め、

死者の復活と　来世のいのちを　待ち望み ます。　　ア　　　ー　　　メン。

使徒信条（1）

詞・曲 CBCJ

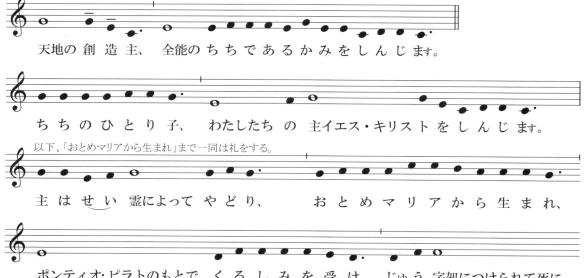

使徒信条（2）

詞・曲 CBCJ

天地の創造主、　全能の父である神を　し ん じ ます。

父のひとり子、　　わたしたちの主　イエス・キリスト　を　し ん じ ます。

以下、「おとめマリアから生まれ」まで一同は礼をする。

主は聖霊によって　やどり、　おとめ マリアから 生 ま れ、　ポンティオ・ピラトのもとで

苦しみを受け、　十字架につけられて死に、　葬られ、　　　陰府に く だ り、

三日目に死者のうちから 復活し、天に の ぼっー て、 全能の父である神の右の座に着 き、

生者と死者を裁くために来られ ます。

聖霊を信じ、　　聖なる普遍の教会、　　聖徒の交わり、　　罪のゆる し、

からだの 復 かつ、　永遠のいのち を しん じ ます。　ア　ー　メン。

使徒信条（3）

詞 CBCJ
曲 TS／補作 SK

天地の創造主、全能のちちであるかみを信じます。

ちちのひとり子、わたしたちの主 イエス・キリストを信じます。

以下、「おとめマリアから生まれ」まで一同は礼をする。

主はせいれいによってやどり、おとめマリアから生まれ、

ポンティオ・ピラトのもとでくるしみを受け、十字架につけられて死に、ほうむられ、

五十音順　　　冒　頭　句　索　引　　　式次第とミサを省く

あ	愛といつくしみ	322
	あかつきとともに	2
	朝早く週の初めに	1
	新しい歌を主に歌え	3
	新しい小羊	4
	あなたのいきを	5
	あなたのいぶきを	6〜7
	あなたは女の中で	16
	荒地のかわき果てた	8〜11
	アレルヤ　アレルヤ	12〜4
	アレルヤ　アレルヤ(2)	15
い	いつくしみと愛	321
	いのちある　すべてのものに	17〜8
	いのちある　すべてのものは	19〜20
う	うるわしい神の家	21〜2
え	栄光は世界に及び	23〜7
	エルサレムよ　おまえを	28
	エルサレムよ　ほめたたえよ	29
お	おお神の富	384
か	風が　どこから	386
	悲しみのマリア（マリアはたっている）	385
	神さまの愛は	30
	神に向かって	32〜5
	神のいつくしみを	36〜40

神のいつくしみを(2)	41
神のおきてを喜び	42
神のことばは主の上に	43
神のことばは正しく	44
神の栄えを　ほめ歌い	45
神の注がれる目は	46
神の注がれる目は(2)	47
神の名は　あまねく世界に	48〜51
神のはからいは	52〜3
神の　み旨を行うことは	54〜6
神のわざ　とわにとどまれ	57〜8
神のわざを思い起こそう	59
神は愛	382
神は王を立てたもう	31
神は　キリストのうちに	387
神は　すべてのものを治め	60
神は　残された不思議なわざの記念を	61
神は　恵みと　あわれみに満ち	63
神は　わたしの唯一の望み	62
神は　わたしを救われる	64〜7
神よ　あなたのいぶきを	68〜9
神よ　あなたの顔の光を	70〜4
神よ　あなたのことばは	75
神よ　あなたのことばは(2)	76

	神よ あなたの道を示し	77
	神よ あなたは わたしの力	79
	神よ いつくしみを示し	78
	神よ わたしに目を注ぎ	80〜1
	神を 敬う人の死は	82
	神を ほめたたえよ	83
	神を ほめたたえよ(2)	84
	神を ほめたたえよ(3)	85
	神を ほめたたえよ(4)	86
	神を求めよ	311
	ガリラヤの風かおる丘	388
	かわく かわく	383
き	きょうこそ神が造られた日	87
	きょうわたしたちのために	88
	キリストのように考え	390
	キリストのように父を仰ぎ	389
	キリストは人間の姿で現れ	317
	キリストを信じるすべての者よ	351
け	元后 あわれみの母	374
こ	心静かに わたしはいこう	89〜90
	心静かに わたしはいこう(2)	91
	心に偽りをもたぬ人	92
	心を尽くして神をたたえ	93〜4
	心を尽くして神をほめ	95
	この水を受けた	96
	このパンを食べ	97
	ごらんよ空の鳥	391

し	しあわせなかたマリア	371
	しあわせな人神の恵みを受け	98〜9
	しあわせな人神をおそれ	100〜3
	シオンよ 喜べ	104〜6
	週の初め	392
	主が手を取って	393
	主とともに働く	107〜8
	主に近づいて	109
	主のいつくしみを	110
	主の道を備えよ	394
	主は来られる	111
	主は昇られた	112
	主は豊かなあがないに満ち	113〜7
	主は豊かなあがないに満ち(2)	118
	主は わたしの光	119
	主は われらの支え	120〜1
	主は われらの牧者	123
	主よ あなたの愛は永遠	122
	主よ あなたは永遠の	124〜5
	主よ 来たりたまえ	126
	主よ わたしが悩む時	395
	主を仰ぎ見て	128〜9
	主を おそれる者に	127
	主を たたえよう	130〜5
	勝利と力は神のもの	346
す	救い主を育てた母	372
	救いの道を	396

	すべての王は	136
	すべての国よ　神をたたえ	397
	すべての人の救いを	137〜8
	すべての人の救いを(2)	139
	すべての者の主　神よ	367
	すべてのものの中に	413
せ	聖なる時　聖なる所	399
	聖なる町に	316
	聖霊来てください	352
	全世界に行って	140
そ	その人は幸い（心の貧しい人はさいわい）	398
た	立て　エルサレム	141〜2
	立琴をかなで	143
	たとい人と天使のことばを	381
	谷川の水を求めて	144
	ダビドの子	315
ち	小さな人々の	400
	父は　いる	401
	父よ　あなたこそ　わたしの神	145〜6
て	天は神の栄光を語り	147
	天の元后　天の女王	373
	天の元后　喜びたまえ	375
	天の元后　喜びたまえ(2)	376
	天よ　露をしたたらせ	301
と	遠く地の果てまで	148〜9
	遠く地の果てまで(2)	150〜1
	とこしえに　神とともに	152

	友よ　聞こう	403
な	流れのほとりの	153
	涙のうちに種まく人は	154
ひ	羊飼いがいて	404
	ひとつになろう	405
へ	平和のほのお（とこ夜のやみまに）	406
ま	マリアさまの心	407
め	恵みのパンは	156〜7
	めざめよ　エルサレム	155
も	門よ　かまちを上げよ	160
	門よ　扉を開け	158〜9
や	やみに住む民は	305
ゆ	行け　行け地の果てまで	408
よ	呼ばれています	409
	喜び歌え　アレルヤ	410
	喜び歌え　神に叫びをあげよ	162
	喜びに心をはずませ神の家に	163
	喜びに心をはずませ救いの泉	164〜6
	喜びの聖なる油	161
わ	若い心を広げよう	412
	わが心　喜びに	167
	わが子よ　きょう	168
	わが主を　たたえよう	169
	わたしたちは神の民	171〜3
	わたしたちは神の民(2)	174
	わたしたちは　さかなのよう	170
	わたしの神　わたしの神	176

わたしの心は神のうちに喜び 177
わたしは神により頼み 175
わたしは神をあがめ 178
わたしは神をあがめ(2) 179
わたしは神をあがめ(3) 180
わたしは神をあがめ(4) 181
わたしは神をあがめ(5) 182
わたしは静かに神を待つ 184
わたしは仕えられるためではなく 402
わたしは復活し 345
わたしは門の外に立ち 411
われらはシオンで神をたたえ 183

作詞作曲者

ABC順

＊本文中のイニシャルには（　）内の略号を使用しています。

略号	姓　名
AT	新垣壬敏
BN	別府信男
FM	伏木幹育
HT	百本照夫
IK	石川和子
IY	今駒泰成
JR	R・ジャルシ
KJ	菅野雅
KM	楠瀬静
KS	国本芳
KY	亀浦
MJ	J・メルオ
MK	前田菊
MS（MN）	蒔田尚三（しょうこう）
MS	松本
SI	笷田
SK	齊藤克
ST	佐間英
TH	寺西久
TK	高野喜
TM	高山正三
TS	高田三郎
TY	高畠芳
YK	矢口圭
YK（YY）	矢木由木（こう）
YT	山中タエ子
CBCJ	日本カトリック司教協議会
CL	典礼聖歌編集部

詩　編　索　引

詩編	作曲者	番号	詩編	作曲者	番号	詩編	作曲者	番号
1	T S	100		T S	316	45	T M	161
	T Y	153	25	J R	139		T S	36
	Y T	42		M K	77	47	T S	33
2	M S	168		T S	137		T S	112
	S T	31	27	A T	90		T S	315
4	A T	89		J R	119	48	T S	50
	H T	91		T S	73	50	T S	171
	T S	70		Y T	2	51	T S	6
8	T S	48	29	T M	120	51後	T S	7
15	T S	101		T S	23	54	T S	8
16	T S	98	30	T S	65	56	Y T	175
17	T S	113	31	T S	66	57	T S	24
18	T S	64		T S	145	62	T M	121
19	T S	147	32	M S	92		T S	9
19後	A T	44		T S	114		Y T	184
	T S	124	33	A T	47	63	T S	10
22	T S	176		T S	46		T Y	167
22後	T S	32	34	T S	128	65	T S	17
23	T S	123	37	T S	166		Y T	183
24	S T	160	40	T S	54	66	T S	130
	T S	158	41	T S	67		Y T	45
	T S	315	42	A T	96	67	M S	141
				T S	144		T S	55

詩編	作曲者	番号	詩編	作曲者	番号	詩編	作曲者	番号
	T S	131	96	A T	43		T S	82
68	S T	105		A T	88	116後	T S	97
	T S	34		M K	150	117	F M	397
69	T S	115		S T	3		M K	140
71	T S	146		T M	57		T S	26
72	A T	60		T S	148		T S	132
	T S	136	97	T S	25	118	T S	12
78	T S	59	98	M K	151		T S	87
80	T S	80		T M	58	119	A T	76
81	T S	162		T S	149		T S	75
84	T S	102	100	A T	174	119中	T S	56
85	J R	78		T M	109	119後	T S	125
	M S	4		T S	172	121	T S	71
	S T	127	103	M S	156	122	K M	163
	T M	111		T S	93		T M	21
	T S	81	104	S T	5		T S	173
86	T S	138		T S	68	123	T S	116
89	A T	41		T S	69	126	M S	107
	T M	110	105	T S	94		T S	154
	T S	37		Y T	177	127	M S	108
89後	T S	38	107	T S	40	128	T S	103
90	T S	52	110	T S	159	130	K M	118
91	T S	129	111	T S	61		T S	117
92	T S	143	112	T S	99		Y T	62
93	T S	39	113	T S	51	131	T S	74
95	T S	35	116	T S	11	134	T S	72

詩編	作曲者	番号
136	S T	170（こども）
	T S	133
137	T S	28
138	S T	122
	T S	134
139	T S	53
	T S	345
141	S T	126
145	M S	157
	T S	18 19a（P.498）
	Y T	63
146	M K	95
	T S	19
	T Y	169
147	S I	29
	T S	27
147 後	M S	142
	T M	22
	T S	135
148	K S	152
	S T	30（こども）
	T S	20
149	S T	106
	T S	13
150	M S	15
	T S	14

詩編以外の聖書の歌索引

		番号
出エジプト記	15・1〜18	79
イザヤ	12・2〜6	164
	35・1〜10	165
	45・8	301
	55・6〜7	311
	60・1〜6	155
ダニエル	3・52〜57	49
ゼカリヤ	9・9〜10	104

マタイ	5・2〜10	398
	28・19	408
ルカ	1・46〜55	16
		178〜182
	1・68〜79	1
		83〜86
	2・11＋14＋17	305
ローマ	11・33〜36	384
I コリント	13・1〜8	381
フィリピ	2・8〜9	317
黙示録	19・1〜7	346

答唱詩編索引

主日・祝祭日	年（詩編）	番号（作曲者）
待降節第1主日	A（122）	163（KM）173（TS）
	B（80）	80（TS）
	C（25）	137（TS）
待降節第2主日	A（72）	60（AT）136（TS）
	B（85）	81（TS）127（ST）
	C（126）	107（MS）154（TS）
待降節第3主日	A（146）	19（TS）169（TY）
	B（マリア）	16（ST）180（TS）
	C（イザヤ）	164（TS）
待降節第4主日	A（24）	160（ST）158（TS）
	B（89）	37（TS）
	C（80）	80（TS）
主の降誕（12月25日）	前晩（89）	37（TS）
	夜半（96）	43（AT）88（AT）148（TS）150（MK）
	早朝（97）	25（TS）
	日中（98）	149（TS）151（MK）
聖家族	（128）	103（TS）
神の母（1月1日）	（67）	55（TS）131（TS）
主の公現	（72）	60（AT）136（TS）
主の洗礼	（29）	23（TS）120（TM）
主の奉献（2月2日）	（24）	158（TS）160（ST）
神のお告げ（3月25日）	（40）	54（TS）

主日・祝祭日	年（詩編）	番号（作曲者）
四旬節第1主日	A（51）	6（TS）
	B（25）	137（TS）
	C（91）	129（TS）
四旬節第2主日	A（33）	46（TS）
	B（116）	82（TS）
	C（27）	2（YT）73（TS）
四旬節第3主日	A（95）	35（TS）
	B（19後）	44（AT）124（TS）
	C（103）	93（TS）
四旬節第4主日	A（23）	123（TS）
	B（137）	28（TS）
	C（34）	128（TS）
四旬節第5主日	A（130）	117（TS）118（KM）
	B（51後）	7（TS）
	C（126）	107（MS）154（TS）
受難（枝）の主日	（22）	176（TS）
聖香油ミサ	（89後）	38（TS）
主の晩餐（聖木）	（116後）	97（TS）
主の受難（聖金）	（31）	145（TS）
主の復活徹夜1	（104）	68（TS）
2	（16）	98（TS）
3	（モーセ）	79（TS）
4	（30）	65（TS）
5	（イザヤ）	164（TS）
6	（19後）	124（TS）
7	（42 51後）	144（TS）7（TS）

主日・祝祭日	年（詩編）	番号（作曲者）	年間主日	年（詩編）	番号（作曲者）
主の復活（日中）	（118）	87（TS）	年間第2主日	A B（ 40）	54（TS）
復活第2主日	（118）	87（TS）		C（ 96）	148（TS）150（MK）
復活第3主日	A（ 16）	98（TS）	年間第3主日	A（ 27）	2（YT） 73（TS）
	B（ 4）	70（TS）		B（ 25）	137（TS）
	C（ 30）	65（TS）		C（19後）	44（AT）124（TS）
復活第4主日	A（ 23）	123（TS）	年間第4主日	A（146）	19（TS）169（TY）
	B（118）	12（TS）		B（ 95）	35（TS）
	C（100）	172（TS）		C（ 71）	146（TS）
復活第5主日	A（ 33）	46（TS）	年間第5主日	A（112）	99（TS）
	B（22後）	32（TS）		B（147）	27（TS）
	C（145）	18（TS） 63（YT）		C（138）	122（ST）134（TS）
復活第6主日	A（ 66）	45（YT）130（TS）	年間第6主日	A（119）	75（TS）
	B（ 98）	149（TS）151（MK）		B（ 32）	114（TS）
	C（ 67）	55（TS）131（TS）		C（ 1）	100（TS）153（TY）
主の昇天	（ 47）	112（TS）	年間第7主日	A（103）	93（TS）
聖霊降臨（前晩）	（104）	68（TS）		B（ 41）	67（TS）
（日中）	（104）	69（TS）		C（103）	93（TS）
三位一体	A（ダニエル）	49（TS）	年間第8主日	A（ 62）	9（TS）184（YT）
	B（ 33）	46（TS）		B（103）	93（TS）
	C（ 8）	48（TS）		C（ 92）	143（TS）
キリストの聖体	A（147後）	135（TS）	年間第9主日	A（ 31）	66（TS）
	B（116後）	97（TS）		B（ 81）	162（TS）
	C（110）	159（TS）		C（117）	26（TS）132（TS）
イエズスのみ心	A（103）	93（TS）	年間第10主日	A（ 50）	171（TS）
	B（イザヤ）	164（TS）		B（130）	117（TS）118（KM）
	C（ 23）	123（TS）		C（ 30）	65（TS）

年間主日	年（詩編）	番号（作曲者）	年間主日	年（詩編）	番号（作曲者）
年間第11主日	A（100）	109（TM）172（TS）	年間第19主日	A（85）	81（TS）127（ST）
	B（92）	143（TS）		B（34）	128（TS）
	C（32）	114（TS）		C（33）	46（TS）
年間第12主日	A（69）	115（TS）	年間第20主日	A（67）	55（TS）131（TS）
	B（107）	40（TS）		B（145）	18（TS） 63（YT）
	C（63）	10（TS）167（TY）		C（40）	54（TS）
年間第13主日	A（89）	37（TS）	年間第21主日	A（138）	122（ST）134（TS）
	B（30）	65（TS）		B（34）	128（TS）
	C（16）	98（TS）		C（117）	26（TS）132（TS）
年間第14主日	A（145）	18（TS） 63（YT）	年間第22主日	A（63）	10（TS）167（TY）
	B（123）	116（TS）		B（15）	101（TS）
	C（66）	45（YT）130（TS）		C（68）	34（TS）105（ST）
年間第15主日	A（65）	17（TS）183（YT）	年間第23主日	A（95）	35（TS）
	B（85）	81（TS）127（ST）		B（146）	19（TS）169（TY）
	C（69）	115（TS）		C（90）	52（TS）
年間第16主日	A（86）	138（TS）	十字架称賛（9月14日）	（78）	59（TS）
	B（23）	123（TS）	年間第24主日	A（103）	93（TS）
	C（15）	101（TS）		B（116）	11（TS）
年間第17主日	A（119後）	125（TS）		C（51後）	7（TS）
	B（145）	18（TS） 63（YT）	年間第25主日	A（145）	18（TS） 63（YT）
	C（138）	122（ST）134（TS）		B（54）	8（TS）
主の変容（8月6日）	（97）	25（TS）		C（113）	51（TS）
年間第18主日	A（145）	18（TS） 63（YT）	年間第26主日	A（25）	137（TS）
	B（78）	59（TS）		B（19後）	44（AT）124（TS）
	C（95）	35（TS）		C（146）	19（TS）169（TY）

年間主日	年（詩編）	番号（作曲者）
年間第27主日	A（80）	80（TS）
	B（128）	103（TS）
	C（95）	35（TS）
年間第28主日	A（23）	123（TS）
	B（90）	52（TS）
	C（98）	149（TS）151（MK）
年間第29主日	A（96）	148（TS）150（MK）
	B（33）	46（TS）
	C（121）	71（TS）
年間第30主日	A（18）	64（TS）
	B（126）	107（MS）154（TS）
	C（34）	128（TS）
年間第31主日	A（131）	74（TS）
	B（18）	64（TS）
	C（145）	18（TS）63（YT）
ラテラン教会献堂（11月9日）	（84）	102（TS）
年間第32主日	A（63）	10（TS）167（TY）
	B（146）	19（TS）169（TY）
	C（17）	113（TS）
年間第33主日	A（128）	103（TS）
	B（16）	98（TS）
	C（98）	149（TS）151（MK）
王であるキリスト	A（23）	123（TS）
	B（93）	39（TS）
	C（122）	163（KM）173（TS）

聖人祝祭日	（詩編）	番号（作曲者）
聖パウロの回心（1月25日）	（117）	26（TS）132（TS）
日本26聖人殉教者（2月5日）	（126）	107（MS）154（TS）
聖ペトロの使徒座（2月22日）	（23）	123（TS）
日本の信徒発見の聖母（3月17日）	（98）	149（TS）151（MK）
聖ヨセフ（3月19日）	（89）	37（TS）
聖マルコ福音記者（4月25日）	（89）	37（TS）
聖フィリポ 聖ヤコブ使徒（5月3日）	（19）	147（TS）
聖マチア使徒（5月14日）	（113）	50（TS）
聖母の訪問（5月31日）	（イザヤ）	164（TS）
洗礼者聖ヨハネ（6月24日）	（139）	53（TS）
聖ペトロ 聖パウロ使徒（6月29日）	（34）	128（TS）
聖トマ使徒（7月3日）	（117）	26（TS）132（TS）
聖マリア（マグダラ）（7月22日）	（63）	167（TY）
聖ヤコブ使徒（7月25日）	（126）	107（MS）154（TS）
聖ラウレンチオ助祭（8月10日）	（112）	99（TS）
聖母の被昇天（8月15日）	（45）	36（TS）
聖バルトロマイ使徒（8月24日）	（145）	18（TS）63（YT）
聖マリアの誕生（9月8日）	（67）	55（TS）
聖マタイ使徒（9月21日）	（19）	147（TS）
三大天使（9月29日）	（138）	122（ST）134（TS）
聖ルカ福音記者（10月18日）	（145）	18（TS）63（YT）
聖シモン 聖ユダ使徒（10月28日）	（19）	147（TS）
諸聖人（11月1日）	（24）	160（ST）158（TS）
聖アンデレ使徒（11月30日）	（19）	147（TS）
聖フランシスコ・ザビエル（12月3日）	（96）	148（TS）150（MK）
無原罪の聖マリア（12月8日）	（98）	149（TS）151（MK）
聖ステファノ殉教者（12月26日）	（31）	145（TS）
聖ヨハネ使徒（12月27日）	（97）	25（TS）

季節と年間のミサの歌索引

答唱詩編索引参照

	入 祭 の 歌	奉 納 の 歌	拝 領 の 歌	閉 祭 の 歌
待降節	38 60 77 78 80 81 104 111 126 137 158 160 301	104 111 126 138 162 166 184 301	81 127 158 160 162 167 301	16 165 180 182 372 394 397 409
降誕節	3 25 43 147 148 149 150 151 155(公) 305	149 151 155(公) 165 168 305 387	19 148 150 155(公) 165 387	25 57 58 305 372
四旬節	2 6 27 35 40 62 65 77 113 114 117 118 139 171 175 311	7 129 139(後半)171 184 311 321 322	46 115 117 118 129 311 383	383 397
復活節	1 4 13 23 29 31 33 34 37 39 41 49 106 135 147 159 345	98 106 123 134 135 141 143 164 387 405	1 18 20 46 49 94 98 123 128 134 135 157 159 164	13 14 15 131 140 346 375 376 386 410
年間	5 21 22 23 24 27 29 32 35 42 47 48 68 76 109 142 144 147 153 163 169 172 173 174 183 388 393 405 411	7 32 34 35 50 61 93 94 101 102 107 108 109 112 120 123 129 141 143 144 154 162 166 169 172 173 177 183 321 322 384 387 389 390 393 400 402 409	5 17 18 45 46 47 61 68 83〜86 94 95 97 122 123 128 134 156 157 162 165 167 177 178〜182 183 321 387 388 398	20 24 26 29 140 346 367 371 373 374 382 386 391 392 396 408 412 413

秘跡・準秘跡などの儀式に用いる歌索引　答唱詩編を含む

儀　式	番号（作曲者）		儀　式	番号（作曲者）		儀　式	番号（作曲者）	
入門式	100（ＴＳ）	42（ＹＴ）	聖体賛美式	143（ＴＳ）	14（ＴＳ）	奉献式・誓願式	98（ＴＳ）	102（ＴＳ）
	46（ＴＳ）	47（ＡＴ）		61（ＴＳ）	20（ＴＳ）		36（ＴＳ）	402（ＴＳ）
	401（ＴＳ）	409（ＴＳ）		18（ＴＳ）	63（ＹＴ）		94（ＴＳ）	177（ＹＴ）
主の祈りの授与	93（ＴＳ）	156（ＭＳ）		321（ＴＳ）	322（ＡＴ）		75（ＴＳ）	76（ＡＴ）
洗礼志願式　Ａ	6（ＴＳ）	7（ＴＳ）		387（ＴＳ）	390（ＴＳ）		53（ＴＳ）	56（ＴＳ）
Ｂ	137（ＴＳ）	77（ＪＲ）		399（ＴＳ）	405（ＴＳ）	献堂式・祝別式	123（ＴＳ）	173（ＴＳ）
Ｃ	129（ＴＳ）		共同回心式	114（ＴＳ）	28（ＴＳ）		163（ＫＭ）	21（ＴＭ）
信条の授与	124（ＴＳ）	44（ＡＴ）		6（ＴＳ）	7（ＴＳ）		36（ＴＳ）	161（ＴＭ）
洗礼志願者の	35（ＴＳ）	123（ＴＳ）		81（ＴＳ）	111（ＴＭ）		148（ＴＳ）	57（ＴＭ）
ための典礼	117（ＴＳ）	118（ＫＭ）		127（ＳＴ）	62（ＹＴ）		135（ＴＳ）	22（ＴＭ）
洗礼式	48（ＴＳ）	87（ＴＳ）		117（ＴＳ）	118（ＫＭ）	始業式・開会式	35（ＴＳ）	69（ＴＳ）
	144（ＴＳ）	96（ＡＴ）	病床式	71（ＴＳ）	2（ＹＴ）		172（ＴＳ）	
	10（ＴＳ）	167（ＴＹ）	［病者の塗油	67（ＴＳ）	115（ＴＳ）	葬式・追悼式	70（ＴＳ）	98（ＴＳ）
		390（ＴＳ）	聖体拝領］	10（ＴＳ）	167（ＴＹ）		123（ＴＳ）	173（ＴＳ）
幼児洗礼式	32（ＴＳ）			53（ＴＳ）	393（ＡＴ）		71（ＴＳ）	119（ＪＲ）
	59（ＴＳ）（1・2）			401（ＴＳ）	403（ＴＳ）		52（ＴＳ）	97（ＴＳ）
	172（ＴＳ）	109（ＴＭ）	叙階式・選任式	98（ＴＳ）	102（ＴＳ）		82（ＴＳ）	11（ＴＳ）
堅信式	38（ＴＳ）			38（ＴＳ）	402（ＴＳ）		117（ＴＳ）	118（ＫＭ）
	68（ＴＳ）	5（ＳＴ）		408（ＴＳ）	409（ＴＳ）		275（ＴＳ）	
	26（ＴＳ）	132（ＴＳ）	結婚式・婚約式	46（ＴＳ）	47（ＡＴ）		345（ＴＳ）	346（ＴＳ）
	75（ＴＳ）	125（ＴＳ）		99（ＴＳ）	108（ＭＳ）		351（ＴＳ）	384（ＴＳ）
				103（ＴＳ）	282（ＴＳ）		387（ＴＳ）	411（ＴＳ）
				321（ＴＳ）	381（ＴＳ）			

本 書 の 使 い 方

歌 の 題	歌の題には，なるべく冒頭句が使われています。
典 礼 聖 歌 番 号	左肩の数字は典礼聖歌番号です。
	同じ答唱句を使って他の詩編が歌えるようになりましたので，詩編ごとに固有の番号が付いています。
分 冊 ペ ー ジ	右肩の数字は，もとの分冊のページです。典礼聖歌番号とともに，この数字を掲示すれば，分冊と併用することができます。
変 更 表 示 改	合本にあたって歌詞や曲が変更されたものには，改の印が付けてあります。しかし，答唱句には，ほとんど変更がありません。
作詞者・作曲者	右肩のアルファベットの二文字は，作詞者（上段）および作曲者（下段）の略記号です。その姓名は索引に記されています。
出 典 と 用 例	歌詞の本文に詩編のどの節が用いられているか，その内容の主題は何か，どのような季節の典礼に用いることができるかなどを，一般的なものから特殊な場合に至るまで，参考までに例をあげ，最後にどういうミサの固有な答唱詩編として使うことができるかが示されています。
	賛歌の場合は，題の右に聖書の引用箇所，左に参考指示が付いています。
移 動 記 号 ⇨	楽譜が左ページから右ページに同じ行で続く場合，⇨印が付いています。
↗	歌詞の本文が2段になって，またもとの行にもどる場合，↗印が付いています。
歌 い 方	
ゴシック文字	行の途中の音の変わり目を示します。変わる前に少し速度をおとして，ていねいに歌います。
♪	×印の音符があてられている音節は無声音で歌います。
ま す さ ぃ メ ン	大文字をいくらか延ばして，小文字を軽く付けるように歌います。
答 唱 詩 編	第一朗読後の答唱詩編は，一同で答唱句を歌い，原則として先唱者が詩編本文を歌うようにします。
ア レ ル ヤ 唱	原則として唱句は聖歌隊あるいは先唱者が歌い，会衆は「アレルヤ」の部分を歌います。

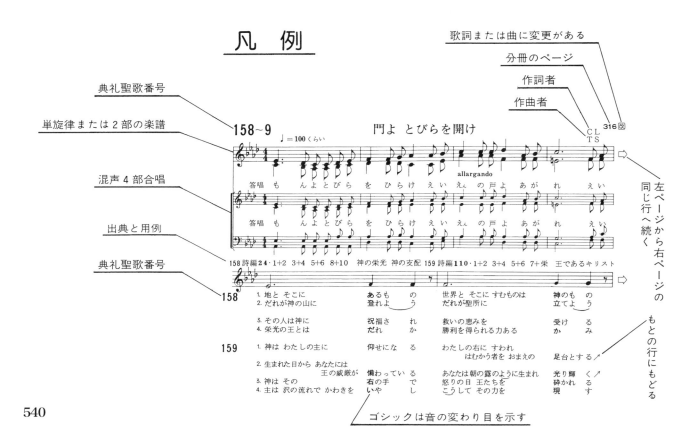

事前に当協議会事務局に連絡することを条件に，通常の印刷物を読めない，視覚障害者その他の人のために，拡大による複製を許諾する。ただし，営利を目的とするものは除く。なお点字による複製は著作権法第37条第1項により，いっさい自由である。

乱丁本・落丁本は，弊協議会出版部あてにお送りください。
弊協議会送料負担にてお取り替えいたします。

典礼聖歌（一般用・新装版）

1980年2月24日 初版発行 　　　　　　日本カトリック司教協議会認可
2019年1月20日 新装版第1版第1刷発行
2020年4月30日 新装版第1版第2刷発行

編　　集　日本カトリック典礼委員会

発　　行　カトリック中央協議会
　　　　　〒135-8585 東京都江東区潮見2-10-10 日本カトリック会館内
　　　　　☎03-5632-4411（代表），03-5632-4429（出版部）
　　　　　https://www.cbcj.catholic.jp/

Printed in Japan

© 2019 Catholic Bishops' Conference of Japan
ISBN978-4-87750-216-4 C0016

印　刷　（株）工友会印刷所
製　本　（株）星　共　社

日本音楽著作権協会（出）許諾第1813528-054号
日本基督教団讃美歌委員会著作物使用許諾第4505号